ACREDITE VAI DAR CERTO!

MAX SANTANA

ACREDITE VAI DAR CERTO!

TRANSFORME SEUS SONHOS EM REALIDADE

figurati

São Paulo, 2020

Acredite. Vai dar certo!
Copyright © 2020 by Max Santana
Copyright © 2020 by Novo Século Editora Ltda.

EDITOR: Luiz Vasconcelos
COORDENAÇÃO EDITORIAL: Silvia Segóvia
PREPARAÇÃO: Adriana Bernardino
REVISÃO: Tássia Carvalho | Viviane Akemi
CAPA: Isa Miranda
DIAGRAMAÇÃO: Rebeca Lacerda

Texto de acordo com as normas do Novo Acordo Ortográfico da Língua Portuguesa (1990), em vigor desde 1º de janeiro de 2009.

Dados Internacionais de Catalogação na Publicação (CIP)
Angélica Ilacqua CRB-8/7057

Santana, Max
   Acredite. Vai dar certo! : Transforme seus sonhos em realidade / Max Santana. -- Barueri, SP : Figurati, 2020.

1. Autoajuda 2. Sucesso 3. Motivação I. Título

20-2172   CDD 158.1

Índice para catálogo sistemático:
1. Autoajuda 158.1

GRUPO NOVO SÉCULO EDITORA LTDA.
Alameda Araguaia, 2190 – Bloco A – 11º andar – Conjunto 1111
CEP 06455-000 – Alphaville Industrial, Barueri – SP – Brasil
Tel.: (11) 3699-7107 | Fax: (11) 3699-7323
www.gruponovoseculo.com.br | atendimento@novoseculo.com.br

Dedico este livro aos milhares de profissionais que se esforçam para melhorar a vida de pessoas em todo o mundo. Psicólogos, terapeutas, médicos, analistas do comportamento humano, entusiastas do *coaching*, entidades religiosas, professores, gestores, líderes e todos aqueles que são capazes de contribuir para que o ser humano possa alimentar a mente com o poder do conhecimento e se tornar cada vez melhor e mais preparado para explorar todo o potencial que tem, acreditando que é possível dar certo tudo aquilo que realizar com fé inabalável.

Agradeço a toda minha família, aos verdadeiros amigos e, sobretudo, a Deus.

Este livro foi elaborado com base na
METODOLOGIA
ICON 21

SUMÁRIO

13
Introdução

19
I. Você é reflexo do que pensa e alimenta na mente

53
II. Provocando mudanças na vida

99
III. Criando prosperidade

133
IV. O poder das metas

149
V. Pessoas milionárias não negociam o tempo

INTRODUÇÃO

Quando você descobre o poder que tem concentrado na mente, passa a entender por que coisas extraordinárias acontecem com algumas pessoas. Todos nós possuímos esse incrível instrumento conectado ao corpo, mas somos condicionados a utilizar apenas uma parte da real capacidade que a mente oferece. Quando digo "condicionados", refiro-me ao fato de que a humanidade é preparada para economizar os recursos da mente, reproduzindo os mesmos padrões de uso que herdamos ou que nos ensinam ao longo da vida.

O poder da mente é tão surpreendente que, se analisarmos a quantidade de conexões, ou sinapses, que são realizadas a partir de um simples estímulo, é possível constatar que nenhum computador, por mais potente que seja, conseguiria processar o que a nossa mente processa e armazena em segundos.

Desde 2003, tenho palestrado em diversos encontros, com a oportunidade de atingir milhares de pessoas, abordando diversos temas. Porém, a sensação de ver pessoas mudando seus comportamentos, suas atitudes e, consequentemente, seus resultados me fez entender que o conhecimento mais valioso da vida é aquele que transforma. Algumas pessoas têm a oportunidade de cursar o ensino superior, enquanto outras se especializam em áreas técnicas, e todas elas buscam o conhecimento como base para serem bons profissionais, obterem um bom emprego e um bom salário. Ocorre que pouquíssimas pessoas são preparadas mentalmente para serem, de fato, vencedoras e qualificadas para obterem resultados acima da média em suas vidas e suas trajetórias. Lamentavelmente, a grande maioria ficará no padrão básico.

Em certa ocasião, um amigo lamentou comigo o fato de que ele trabalhava muito na empresa, continuava estudando para se aperfeiçoar, se entregava de corpo e alma na profissão, mas via outras pessoas fazendo menos e ganhando muito mais. Não entendia por que isso acontecia, já que o mundo sempre diz que aqueles que estudam mais e são mais esforçados terão as melhores oportunidades e os melhores resultados. Por um segundo, cheguei a concordar que era mesmo um absurdo. No entanto, entendi que não se trata do quanto você se esforça para ser melhor, mas, sim, de como você tem utilizado o poder da sua mente para ser diferente e agir. Meu amigo era mais um que, entre os milhares que trabalham e estudam muito, fica na zona da mediocridade quando se trata de resultados. Isso pode parecer estranho, porém estudos mostram que o conhecimento é menos importante que a ação. É por isso que chama a atenção ver pessoas com pouco ou nenhum estudo se tornarem ricas, bem-sucedidas e realizadas. Pessoas assim têm em comum o fato de utilizar algumas conexões mentais que fazem da ação frequente um hábito de vida, condicionando suas mentes para o sucesso, mesmo com pouco ou nenhum conhecimento. Na verdade, elas usam o conhecimento de outros para viabilizar seus planos.

Este livro pretende abordar o conhecimento do verbo ação, introduzindo você às técnicas de desenvolvimento pessoal, reflexões e competências capazes de transformar, com o poder da própria mente, o modo de conduzir sua vida. Você vai descobrir que o caminho para as coisas darem certo tem muito mais a ver com suas crenças do que com as oportunidades que todos sonham encontrar.

Todo este conteúdo é resultado de uma década de leituras, estudos e pesquisas sobre o comportamento humano. O objetivo é "quebrar a casca" e eliminar as barreiras que impedem pessoas de alcançar resultados melhores e mais concretos em suas carreiras, em suas relações e, principalmente, consigo mesmas. Isso nenhuma faculdade ou curso técnico será capaz de ensinar. Com sorte, talvez a família seja capaz de alimentar o pensamento do sucesso em algumas pessoas, mas é concreto que somente uma pequena parcela da humanidade tenha esse privilégio, haja vista que os padrões comportamentais são transferidos de geração em geração.

Ao ler este livro do começo ao fim, você vai se surpreender com o conteúdo. Verá que aquilo que parece complicado, na verdade, apenas nunca lhe foi apresentado como deveria. E está tudo certo! De fato, alcançar o sucesso e a realização extraordinária na vida é algo para poucos e tem muito a ver com as escolhas feitas. Você está tendo essa chance e pode fazer disso uma grande oportunidade se agir como deve, isto é, lendo cada trecho deste livro com a atenção e a disciplina necessárias para compreender o sentido das palavras e de suas aplicações. Invista o tempo que for necessário e comece a transformar seus pensamentos e atitudes; e, se isso não lhe parecer razoável, não se preocupe, pois, como sempre digo, a vida é feita de escolhas.

CAPÍTULO I
Você é reflexo do que pensa e alimenta na mente

> não é sobre o que tem vivido, mas como tem escolhido viver...

A Organização Mundial da Saúde (OMS) aponta que um terço da população no mundo sofre de ansiedade, transtorno que desencadeia doenças silenciosas e muito perigosas, como a depressão e a obesidade. Estudiosos afirmam que a ansiedade e a depressão são o "mal do século". Porém, ao aprofundar as pesquisas sobre essas questões, podemos entender que elas são, na verdade, consequências, e não as causas. O mal que as tem causado vem da forma como as pessoas vivem e pensam atualmente, sobretudo como se enxergam.

Vivemos a era da tecnologia digital, em que tudo é cada vez mais rápido, acessível e, ao mesmo tempo, volúvel. Estamos em meio a algo que defino como "googlelite aguda", uma doença que nos tem feito pensar, criar e agir cada vez menos. Tudo está ao alcance de um clique. Cada pessoa tem seu próprio canal de comunicação nas mãos, em seus celulares, por onde envia e recebe mensagens constantemente, desabafando, reclamando, rindo ou chorando pelo que posta em suas redes sociais. Os jovens representam a grande parcela daqueles que esperam aceitação social por meio de curtidas, comentários e compartilhamentos. É evidente que não sou contra todos os recursos tecnológicos disponíveis e muito menos contra os que virão, pois a tecnologia tem determinado a evolução da humanidade há décadas. Como bem definiu Yuval Harari, professor israelense e uma referência mundial no estudo da evolução histórica da humanidade, a tecnologia é uma tendência irreversível, e o ser humano precisa saber como se adaptar, fazendo uso dela para o conhecimento.

Nossa mente é um instrumento ativo o tempo todo. Tudo que recebemos de informação é armazenado por meio de um Registro Automático de Memória (RAM). Isso significa que todo conteúdo ao qual se tem acesso fica, de alguma forma, guardado no nosso subconsciente e, em algum momento, as conexões (sinapses) neurais farão uso da informação armazenada, mesmo aquela que você parece ter esquecido totalmente.

Portanto, se você tem alimentado sua memória (RAM) com conteúdos negativos – como violência, crises, reclamações, futilidades e fracassos –, sua mente vai começar a entender que sua vida é compatível com essas condições. O fato é que, aos poucos, você se torna reflexo do que tem pensado e alimentado. A mente não sabe distinguir o que é bom ou ruim, ela simplesmente armazena e deixa acessível para que você faça uso desse registro quando um "gatilho", ou memória, acionar a informação armazenada.

Na prática, pessoas que sofreram um trauma muito intenso em algum momento da vida, por exemplo, terão essa informação armazenada na memória para sempre, o que significa que, quando vivenciarem qualquer situação que faça alguma relação com esse trauma, será desencadeado um sentimento imediato que vai afetar o comportamento delas. O mesmo acontece para os registros de momentos felizes que tenham sido vivenciados em algum momento da vida. O que preocupa é o quanto estamos sendo alimentados com informações negativas, que atualmente chegam com muita rapidez em nossas vidas por meios digitais.

Alimente a mente com o que faz sentido para dar certo

Tudo o que você vir, ouvir e sentir vai gerar impulsos para alimentar a sua mente. Quem propaga esses impulsos são os seus neurônios. Considerando que você é o único responsável pelos seus resultados, então você pode armazenar apenas o que faz sentido guardar; o que não fizer sentido basta descartar, correto? Na verdade, o princípio básico é que não existe função naquilo que você ignora; porém, a mente não é tão seletiva e objetiva assim. Como dito, o registro é automático. Para não registrar o que não apresenta função, o único meio seria não ter acesso ao que deve ser descartado. Mas como fazer isso já que algumas situações impactam nossas vidas sem que tenhamos a opção de escolha?

Não podemos realmente impedir que algumas informações sejam registradas em nossa mente, mas podemos criar mecanismos que neutralizam o impacto que elas podem gerar. Para provocar isso, recomendo três simples atitudes:

1. substitua os registros ruins, inserindo registros bons;
2. mantenha-se perto de pessoas positivas e felizes;
3. pratique atividades físicas diariamente.

Vamos entender esses três itens?

Substitua registros

Muito bem, todos armazenam ao longo da vida registros ruins, em menor ou maior escala. Substituir os registros ruins com a inserção de registros bons é uma alternativa excelente, mas exige disciplina e consistência para armazenar a maior quantidade possível de bons registros.

Pense sua mente como uma balança, na qual existam duas bases de peso: uma positiva e outra negativa. Se sua balança recebe mais negatividade do que positividade, o resultado será uma carga negativa muito pesada, que vai de alguma forma afetar sua vida. Você deve colocar na sua balança mais positividade e pode começar fazendo isso com a leitura de bons livros e artigos, assistindo a filmes ou palestras que lhe tragam sentimentos e reflexões positivos, estimulando os temas que favoreçam o seu desenvolvimento pessoal. Além desses, é positivo viver novas experiências, conhecer pessoas e lugares diferentes, começar um novo curso, mudar de emprego e tudo mais que possa trazer novos registros. Estude a postura de pessoas de sucesso e force o seu cérebro a compreender como elas tiveram êxito em suas vidas; aí, copie ou melhore o que deu certo para elas. Uma das maiores capacidades que a nossa mente possui é a de aprender, compreender e copiar, então, use isso a seu favor, imitando e melhorando o que dá certo.

Aproximar-se de pessoas felizes

O segundo passo é se afastar de pessoas infelizes e negativas, que passam a maior parte de suas vidas reclamando de tudo, insatisfeitas com o mundo e buscando sempre um culpado pelas próprias frustrações e fracassos.

A questão é que, ao conviver com esse perfil de pessoa, aos poucos você se torna igual, isso porque todo ser humano é influenciado pelo ambiente em que vive. Sim, eu sei que não é uma tarefa fácil, visto que, em alguns casos, essas pessoas fazem parte da família ou do ambiente de trabalho. Porém, se você quiser realmente mudanças em sua vida, será fundamental decidir com que tipo de pessoa deseja dedicar o seu precioso tempo.

Comece a se aproximar de quem está melhor do que você e observe como ele chegou onde está; então, decida o que pode ser aplicado em sua trajetória. Você se lembra de como eram os amigos mais próximos na sua época de escola? Eu, particularmente, estava sempre ao lado daqueles que ficavam na média. Ou seja, meus amigos de escola não eram os mais estudiosos, inteligentes e aplicados. A grande maioria deles hoje em dia é funcionária de empresas, empregada com salários de classe média. Demorei bastante tempo para entender que eu só entraria para o grupo de alta performance se estivesse próximo dos que têm sucesso. Eu realmente demorei a compreender isso, mas entendi a duras penas algo muito valioso na minha vida: águias não voam com galinhas! Vou falar mais sobre isso nos próximos capítulos.

Faça atividades físicas

E, por fim, estudos comprovam que as atividades físicas liberam substâncias do nosso organismo altamente eficazes para a saúde mental. Ao exercitar o corpo, um dos hormônios liberados é a endorfina, que tem uma potente ação analgésica. Ao ser liberada, estimula a sensação de bem-estar, conforto, alegria e melhora o estado de humor. O processo de produção e liberação de endorfina pela glândula hipófise acontece durante e depois de uma atividade física. Todo esse processo faz com que a mente registre sensações positivas associadas à felicidade e à realização.

Provocar essas condições de inserção positiva na mente vai isolar os registros ruins. A má notícia é que, quanto mais você se alimenta de registros ruins, mais coisas ruins serão atraídas para a sua vida. Portanto, se você continuar alimentando a mente com conteúdos de fracasso, tristeza, crise, derrota, banalidades e reclamações, gradativamente as doenças e frustrações começarão a aparecer.

A boa notícia é que, ao se alimentar de registros bons – positividade, alegria, vitórias e otimismo –, aos poucos você verá uma transformação extraordinária e a sua vida gradativamente tende a melhorar. Lembre-se de que a vida é feita de escolhas, portanto, você pode escolher sim o que vai alimentar em sua mente.

Vale a pena observar que somos alimentados com o que recebemos e com o que comunicamos. Avalie o perfil de algumas pessoas e o que elas mais compartilham em suas redes sociais. Quem publica ou compartilha desgraça, crítica, banalidade ou negatividade, normalmente, tem uma vida equivalente. Ou seja, não prospera. Por outro lado, aquele que comunica vitória, elogio, conhecimento ou positividade tende a ser mais feliz e próspero. Definitivamente, você é aquilo que cultiva na mente e que consome!

Nossa mente é tão poderosa que, quando estimulada, cria no corpo incríveis reações. Tive algumas experiências pessoais que fortalecem essa afirmação. Em 1994, pouco mais de uma década depois da descoberta da Aids, no Brasil muito se falava sobre a doença. Os jovens eram alertados o tempo todo pela mídia, pelos familiares e pelos amigos. Nesse cenário de informação constante sobre os perigos e sintomas da doença, vivenciei pela primeira vez o poder da mente. Acordei uma manhã com diarreia e febre, sem saber qual era o motivo. Um detalhe importante estava inserido nessa ocasião: eu estava saindo com uma garota, da qual sabia pouco ou quase nada sobre seu passado. Sem ir ao médico, consultei um livro que estava em casa e que explicava os sintomas de algumas doenças. Na tentativa de descobrir por que eu estava com os sintomas, uma das que me chamou a atenção foi exatamente a Aids, que era a doença do século. Os dois sintomas que eu tinha batiam com os descritos no livro, mas todos os outros, meu corpo não apresentava. No entanto, criei uma conexão mental tão forte sobre a doença que poucos dias depois eu estava desenvolvendo a maioria dos outros sintomas, além dos que eu já tinha. Fiquei acamado e me recusava a fazer os exames com medo de que eu pudesse estar de fato com a doença. Não queria falar, ouvir nem ver ninguém. Meus pais, preocupados e sem saber o que se passava em minha mente, tentavam conversar e me convencer a ir ao médico. Quase um mês depois do início dos sintomas, fui forçado a ir ao médico para fazer os exames, a essa altura já com crises de ansiedade, falta de ar e tudo mais que possa imaginar. Para minha felicidade, os exames estavam normais, tudo em ordem comigo e sem uma explicação laboratorial para os sintomas que eu apresentava. Curiosamente, no dia seguinte, após eu receber o resultado negativo da doença, os sintomas começaram a desaparecer lentamente, sem qualquer medicamento.

Situações assim ocorrem o tempo todo com pessoas que se tornam dependentes de medicamentos e presas às doenças. Em alguns casos, é óbvio, a medicação é realmente necessária, mas não existem estudos precisos que demonstrem até que ponto a mente influencia no estado clínico de um paciente, gerando a dependência por medicamentos.

O que temos como fato é que a mente pode afetar diretamente o nosso corpo e as situações da nossa vida. Tive a oportunidade de comprovar esse incrível poder em outros momentos da minha vida, que serão compartilhados ao longo deste livro.

A mente produz o que você determina

Tenho clientes que testemunham mudanças maravilhosas em suas vidas a partir da aplicação de técnicas e métodos que utilizo em minhas palestras. Entre eles, um em especial me chamou a atenção. Não citarei o nome por questões éticas, mas carinhosamente o chamarei aqui de "Rei". Esse é um caso real que define o quanto a mente produz e atrai o que você determina.

Rei chegou a uma de minhas palestras de longa duração cabisbaixo, desanimado e aparentemente depressivo. Durante todo o evento, busquei respostas do porquê de ele estar daquele jeito, e aos poucos ele nos surpreendeu ao revelar sua atual situação de vida. Havia sido abandonado pela esposa e filha, a empresa estava à beira da falência e tudo que ele havia constituído parecia estar desmoronando, a ponto de declarar que pretendia tirar a própria vida. Um caso forte e ao mesmo tempo desafiador.

Ele voltou a participar de outros eventos que realizei, e cada vez mais vibrante e transformado, demonstrando uma alegria e força que pareciam perdidas no primeiro contato que tivemos. Determinado, ele continuou alimentando sua mente com positividade e passou a ter atitudes diferentes, que não só o ajudaram, mas que também impactaram pessoas ao seu redor.

O resultado dessa "transformação" positiva foi comemorado em seu último testemunho, no qual declarou ter recuperado seu casamento e sua filha, e estar conseguindo reerguer a empresa. A mudança foi tanta que Rei nos disse que, em sua empresa, os funcionários não entendiam o seu novo padrão de comportamento, mas aos poucos a maioria deles se contagiou e a empresa começou a mudar os resultados negativos para um quadro de crescimento surpreendente.

Assim como o caso de Rei, testemunhei muitos outros de transformação a partir do poder da mente. A questão é que esse poder pode ser canalizado para influências positivas ou negativas. Ou seja, o que você alimenta em sua mente define os resultados que alcança.

Ouço pessoas dizerem o tempo todo que estão acima do peso. Certamente você também já ouviu alguém falar isso ou até mesmo já tenha dito também. A questão é: como você se vê no espelho? Sim, a mente produz o que você determina. Logo, se você tem falado todos os dias para si mesmo que está com sobrepeso, a sua mente está registrando e enviando os sinais equivalentes para o seu corpo, dizendo para ele o seguinte: "Você está gordo pra caramba!".

Como a sua mente não entende a diferença entre o que você diz para ela e o que realmente é, o seu organismo passa a agir conforme o comando que foi enviado pela mente, produzindo as substâncias necessárias para cumprir o comando recebido. É por isso que uma grande maioria das pessoas obesas tende a comer mais e sem controle, pratica atividades físicas e não emagrece e, por fim, acaba depressiva por isso. Certamente que a obesidade tem origem genética, sim, mas o maior indutor do processo é a mente.

A neurociência define que o tipo de pensamento que você cultiva determina a vida emocional que você vai ter. Portanto, se a pessoa alimenta a obesidade mental, o corpo vai responder como tal, com exceção, como dito anteriormente, para os casos genéticos ou de doenças que comprovadamente afetam o metabolismo.

Apesar de usar o exemplo da obesidade, esse princípio vale para muitas outras situações de sua vida. Já reparou nas pessoas que vivem com problemas financeiros? A grande maioria delas, quando lhe perguntam "como você está?", sempre diz que a vida está complicada, que nunca sobra dinheiro ou que o que ganha mal dá para pagar as contas! Observe que essas pessoas demoram a sair de uma situação de endividamento ou dificuldade financeira, ou nunca saem de fato. Isso ocorre porque o comando que elas têm enviado para o cérebro é de falência, fracasso e dívidas. Logo, nenhuma atitude de superação para mudar isso acontece, pois a mente entende que a vida dessa pessoa é assim mesmo e não precisa mudar nada. Então, a pessoa se acomoda, reclama, procura um culpado e continua a viver na mesma condição em que se encontra.

Lembro-me de uma pessoa que apagava o sinal de negativo do seu extrato bancário, com borracha mesmo, e olhava para o extrato sempre visualizando o saldo positivo ao invés de negativo. Sempre que perguntavam como estava sua vida, a resposta era a mesma: "ficando rico!". A extraordinária determinação e a fixação da conta positiva eram um instrumento de geração de riqueza na mente, e, mesmo estando com o saldo negativo, colocar na balança mensal a positividade fez dessa pessoa alguém muito bem-sucedido na vida.

Tudo, absolutamente tudo que você vive hoje, tem mais a ver com a forma como pensa do que com as condições de que dispõe. É por isso que pessoas incríveis e que saíram de uma pobreza extrema por vezes alcançam sucesso. Eu aproveito essa oportunidade para falar de uma pessoa incrível que Deus me permitiu conhecer e que confirma minha afirmação com o próprio testemunho de vida.

Estou falando de Geraldo Rufino, um ser humano extraordinário que saiu do lixão, vendendo latinhas em São Paulo, e se tornou um dos empresários mais respeitados deste país, que atualmente fatura mais de 50 milhões de reais por ano. Ele diz em suas palestras que nunca alimentou a crise, pois não sabia o que era a crise. Diz que nunca alimentou inferioridade, pois sua mãe jamais o deixou se sentir menos que ninguém. Diz que faliu inúmeras vezes, mas nunca se viu falido; primeiro porque não sabia o que era de fato a falência e, segundo, porque alimentava em sua mente apenas o sucesso. Você é o que pensa ser com fé inabalável. Quem negligencia seu talento está desperdiçando sua maior força. Se você for capaz de entender esse simples pensamento de positividade, comemore o início de uma mudança extraordinária em sua vida!

Muito bem, se estiver fazendo sentido para você, prepare-se! Daqui para a frente, o conteúdo vai começar a ficar mais interessante.

Os três ingredientes essenciais para a mente

Não existe um remédio, vitamina ou alimento que faça a sua mente agir de outra forma. O cérebro humano é magnificamente incrível e tudo de que ele necessita é do comando de ação. Esse comando é algo gratuito e abundante que todos nós temos, mas que poucos usam. Isso acontece porque, ao agir, o cérebro consome energia, em média 20% do que é produzido pelo seu organismo, fazendo com que ele frequentemente acione o módulo padrão de economia de energia. É como se o cérebro falasse para você: "Vamos deixar as coisas como estão, mudar vai gastar muita energia".

A questão é que sem ação não existe transformação. Então, vou lhe apresentar a seguir três ingredientes essenciais capazes de influenciar positivamente a sua mente.

Primeiro ingrediente essencial para a mente – Atitude

Se você busca realmente uma mudança em sua vida, comece com a atitude. Todos nós temos esse ingrediente disponível, mas o medo e a acomodação fazem com que a maioria não utilize esse recurso. É característica das pessoas com atitude ter iniciativa, resiliência, determinação, foco e persistência para alcançar seus objetivos. O nível de atitude ao qual me refiro é muito maior do que o normalmente realizado. Estou falando de atitude de alta performance, aquela que pessoas vencedoras têm, e não de empolgação momentânea.

Como tem sido a sua atitude diária? Como você tem acordado? Você acorda feliz e com pensamentos positivos? Aliás, se você deseja acordar com pensamentos positivos, a dica que lhe dou é que, em vez de acordar com esses pensamentos, comece a dormir com eles. Se você dorme pensando nas dívidas e nos problemas que terá de resolver no dia seguinte, certamente sua mente vai registrar isso e o fará acordar com os mesmos pensamentos e preocupações. Lembre-se de que é necessário substituir a forma como pensa, os seus registros mentais, para produzir mudanças reais.

Inúmeras pessoas começam projetos em suas vidas, em qualquer área, pode ser a ideia de um negócio próprio, um curso, uma conquista pessoal ou profissional, um desafio ou algo que necessita superar. A questão é que mais de 80% das pessoas não alcançam seus objetivos ou os resultados esperados. O motivo é que essas pessoas, em geral, estão apenas empolgadas com uma possibilidade, e não determinadas a realizá-la, gerando a ausência de atitude. É por isso que gosto de dizer que mais importante que começar algo é terminar o que começou.

A atitude pode ser percebida quando você nota que está fazendo algo diferente do que faz normalmente, quando sai da chamada "zona de conforto" ou "zona de acomodação", lugar onde a maioria prefere ficar. Os acomodados são aqueles com pouca ou nenhuma atitude para mudar o que não está bom em suas vidas. Por isso, se você realmente pretende alcançar resultados extraordinários, comece dando o primeiro passo, e depois o próximo e quantos mais forem necessários para chegar aonde deseja, pois, se você desistir no meio do caminho, todo o seu esforço terá sido em vão.

Segundo ingrediente essencial para a mente – Motivo

Apesar de a atitude ser um ingrediente essencial, ela sozinha produz pouco efeito. Digo isso porque, se você for uma pessoa sem um motivo forte e verdadeiro para o que decidir fazer, possivelmente vai desistir no meio do caminho.

As pessoas que alcançaram o sucesso ou a realização pessoal possuem uma característica em comum: todas tinham um motivo forte. Certa ocasião, assisti na televisão a uma entrevista com a jogadora Hortência, que foi uma das maiores jogadoras de basquete do Brasil. Durante a entrevista, Hortência disse que o momento mais importante da sua vida foi quando ganhou dinheiro suficiente para tirar o pai do trabalho que ele fazia, em razão de ele ter uma doença do coração. Todo o restante da entrevista mostrou que ela tinha um motivo forte para chegar ao topo; é isso que fazem os vencedores.

Quando você tem um motivo verdadeiro, você faz mais que os outros. A determinação da Hortência fazia com que ela continuasse na quadra treinando arremessos na cesta mesmo depois de o treino ter acabado e de todas as outras atletas já terem ido para o vestiário. Entende a diferença?

Não sei qual é o seu motivo – pode ser a família, o trabalho, um sonho ou um projeto de vida –, mas sei que, se você não tiver um definido, dificilmente chegará aonde deseja. Meu motivo tem nome: Sarah Santana, minha filha, que se tornou, desde que nasceu, o motivo mais forte para eu não desistir de tudo que faço e do que acredito. E qual é o seu? Anote em um lugar onde você possa ver todos os dias e faça disso uma obsessão.

Terceiro ingrediente essencial para a mente – Confiança

O último ingrediente essencial é a confiança. Se você não for capaz de acreditar que pode, nada vai acontecer de fato.

Quando alimentamos a mente com confiança, é incrível como os resultados começam a aparecer. Pense bem: se, por exemplo, você vai para uma entrevista de emprego acreditando que não tem chances no processo seletivo, estará condicionando todo o seu comportamento para o fracasso.

Trabalhei em uma empresa onde conheci um gerente da área financeira. Certo dia, ele me revelou como foi contratado. Depois de passar por três entrevistas, chegou à última etapa com o diretor da área em que iria trabalhar. Elogiado pela experiência que tinha e pelo ótimo currículo, o diretor fez uma última pergunta decisiva: "Você fala inglês?". Esse era um dos requisitos para a vaga. Prontamente, ele respondeu: "Sim, claro! Se desejar, podemos continuar essa entrevista em inglês". O diretor disse que não era necessário e aprovou o candidato. Claro que mentir sobre uma habilidade não é o mais indicado; o diretor poderia ter aceitado terminar a conversa em inglês e, neste caso, a vaga estaria em risco. Entretanto, a confiança e a atitude para alcançar aquele objetivo eram tantas que ele convenceu. Após ser contratado, ingressou em um curso de idiomas e, em pouco mais de três meses, já realizava a conversação necessária na língua. Observe nessa história a união de confiança e atitude para alcançar um objetivo.

Se você não for capaz de confiar em si mesmo, ninguém fará isso por você! Essa é a sua responsabilidade, não a dos outros.

A vida lhe apresentará algumas pessoas que vão incentivar sua confiança, mas a maioria dirá que você não é capaz ou que não serve para o propósito que busca. Assim foi com alguns gênios da história da humanidade. Steve Jobs nunca terminou a faculdade, criou a Apple e foi demitido da empresa que fundou, diziam a ele que ninguém compraria seus computadores, mas sua tecnologia revolucionou a forma como nos comunicamos hoje. Jim Carrey, astro do cinema norte-americano, ouviu que ele não poderia ser ator porque não servia nem para ser palhaço, mas se tornou um dos maiores comediantes do mundo. Albert Einstein tinha problemas de aprendizagem e só começou a falar aos três anos de idade; os professores diziam que ele era preguiçoso, ignorante e que não iria longe na vida, mas foi um dos físicos mais respeitados na história. Michael Jordan foi excluído do time de basquete porque só media 1,80 metro; chegou em casa chorando e prometeu nunca desistir, e hoje é uma lenda no basquete mundial. Elvis Presley ouviu inúmeras vezes que devia abandonar a música e voltar a dirigir caminhão porque não tinha talento; se tornou o rei do rock e influenciou toda uma geração. Ayrton Senna era considerado fraco para correr no kart e os amigos diziam que na chuva ele sempre chegava depois do último, que era um piloto ruim, situação revelada pelo seu ex-treinador Nuno Cobra em entrevista para uma grande rádio brasileira. O fato é que tinha uma capacidade extraordinária de desenvolver a si mesmo, não deu ouvidos ao que diziam e foi tricampeão mundial e um dos mais importantes corredores da Fórmula 1 de todos os tempos.

A confiança é um ingrediente particular, pessoal e intransferível. Ou você tem ou não tem. Normalmente somos alimentados pelo medo. Crescemos com nossos pais dizendo para não fazer isso, não mexer naquilo, não pode, não vai dar... e, quanto mais esses "nãos" são alimentados, mais criamos limitação para o que podemos de fato ser.

Afaste-se da BIC

Se existe uma recomendação para a qual quero dar destaque, é esta: afaste-se da BIC! Sempre que apresento este conceito nas palestras, os participantes pegam suas canetas para conferir a marca. Obviamente, não estou falando das canetas, mas você pode usar essa referência para ajudá-lo a nunca mais esquecer o que vou explicar agora.

Na verdade, BIC é uma abreviação que criei para o conceito de Barreiras que Impedem o seu Crescimento (BIC). Existem inúmeras barreiras que o impedem de crescer e alcançar mais sucesso na vida. Vou me concentrar em duas: Barreiras Externas e Barreiras Internas.

As Barreiras Externas são aquelas produzidas por outras pessoas em sua mente. Sabe aquela situação em que você está entusiasmado para iniciar um novo projeto na sua vida e logo aparece alguém, geralmente pessoas mais próximas, e diz: "Isso não é para você! Bobagem, larga isso!". Pois é, quando registramos essa informação e deixamos que ela tome posse do nosso pensamento, aos poucos desistimos do projeto ou do sonho.

As pessoas não são as únicas Barreiras Externas. Crises econômicas ou políticas, leis, condições de saúde e outras tantas influências podem se tornar uma barreira para o seu crescimento.

Agora, acredito que a maior barreira que impede uma pessoa de crescer é a Barreira Interna, ou seja, aquela que você alimenta dentro da sua mente. Essa é a situação em que você fala para si mesmo que não vai conseguir algo, que não é capaz de superar uma situação etc.

Quando sua mente cria o bloqueio, com ou sem influência externa, você fatalmente estará fracassando nos objetivos. Isso ocorre porque, como já falado no início do livro, a mente registra tudo que alimentamos, principalmente quando se trata dos próprios pensamentos.

É comum encontrar pessoas que parecem ver dificuldades em tudo que podem fazer; e, quanto mais anos de vida, mais barreiras criam. Observe que as crianças são mais ousadas e possuem menos barreiras para o crescimento. Certo dia, quando minha filha ainda tinha quatro anos de idade, ao chegar em casa depois do trabalho, deparei com ela subindo em uma pequena bancada que ficava no quarto de casal. Lentamente ela subiu e se preparou para pular da bancada para a cama. Não era tão alto e o espaço entre um ponto e outro também era pequeno, o que me fez deixá-la seguir com o plano para saber até onde ela iria. Porém, quando ela me viu parado ali na porta, ficou aguardando minha aprovação para realizar tal façanha.

Confesso que, como um pai responsável, a primeira ideia foi dizer para ela não fazer aquilo e descer, mas me lembrei imediatamente da BIC e decidi estimular seus planos. Então, disse a ela que pulasse. Os olhos da menina revelaram preocupação e dúvida, o que me fez falar com mais convicção para que pulasse. Observe que a dúvida se tratava de uma barreira sendo alimentada internamente, como se a mente questionasse a decisão anterior de pular de um ponto ao outro. Mais uma vez, ela demonstrou dúvida de sua capacidade de realizar aquilo; então, reforcei a confiança em sua mente dizendo: "Filha, diga em voz alta 'eu vou conseguir!'". Ela pensou e, quando parecia realimentar a dúvida, eu reafirmei o pedido. A pequena se preparou e disse decidida: "Eu vou conseguir!". Pulou, chegando ao outro ponto com facilidade. Já do outro lado, ela vibrava, saltava e comemorava o feito, repetindo algumas vezes a frase: "Eu consegui!".

Quantas barreiras você tem criado para o seu crescimento? Quantas vezes as pessoas disseram que você não era capaz ou que não podia fazer algo?

Um amigo me contou certa vez que seu filho havia nascido com uma incapacidade respiratória do lado direito do pulmão. Durante os tratamentos para minimizar essa condição, os médicos disseram ao meu amigo que o menino jamais poderia realizar atividades físicas em razão da paralisia do lado direito do diafragma.

A criança cresceu sem que nunca fosse dito a ela algo sobre essa condição. Meu amigo sempre acreditou que, se falasse para o filho que ele não poderia praticar esportes, estaria criando crenças limitadoras sobre ele. Ao entrar na escola, a criança demonstrou paixão justamente pelo futebol e pelas atividades físicas. Obviamente ele sentiu muita dificuldade para praticá-los, o organismo teve que se adaptar, mas ele não sabia disso. Descobriu que como goleiro conseguiria participar das atividades e, aos nove anos de idade, já era um dos melhores goleiros da escola, jogando onde se sentia melhor.

Muitos casos de superação parecidos se revelam pelo mundo afora. Todos têm, normalmente, o mesmo enredo: alguém que não sabe de suas limitações e, por isso, se destaca muito mais do que aqueles que, por vezes, sequer possuem algum problema. Estou falando dos poderes da mente.

Formação do estado de poder

A forma como os pais tratam seus filhos definem os padrões de conduta que essas crianças terão no estágio adulto. Essa transferência de padrão é passada de geração para geração, e a criança adota como referência o padrão que vivencia, que a impacta para o resto da vida. Observe a seguir o padrão de influência que cada etapa da vida exerce sobre o futuro:

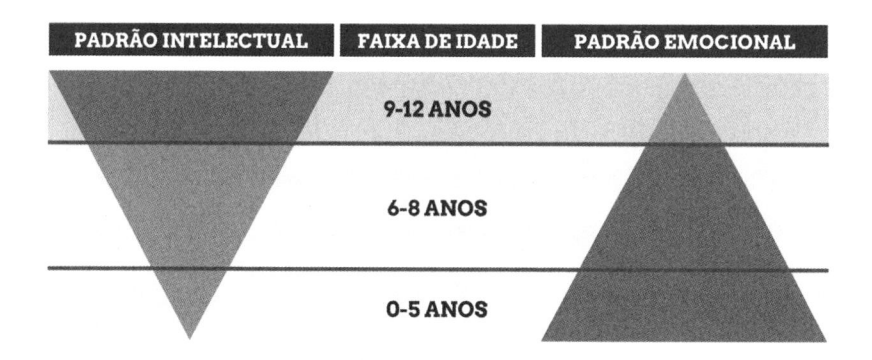

PADRÃO INTELECTUAL	FAIXA DE IDADE	PADRÃO EMOCIONAL
	9-12 ANOS	
	6-8 ANOS	
	0-5 ANOS	

Existem diversos estudos sobre comportamentos baseados na história de vida das pessoas. Todos eles remetem aos períodos de maior influência do padrão emocional, mais predominante do zero aos oito anos, como mostrado no gráfico anterior. Sendo assim, fica aqui uma pergunta para sua reflexão: quantas vezes você gritou com seu filho para cobrar tarefas, banho, obediência etc.? E quantas vezes você sentou com seu filho para falar sobre quem ele é e como ele se sente sobre algo?

Crianças são verdadeiras em seus sentimentos. Quando estão tristes, elas necessitam de atenção de seus pais. Simples assim!

Estudos mostram que crianças que se sentem amadas têm o cérebro maior e mais uniforme, além de se sentirem mais seguras em suas vidas.

Algumas atitudes impactam a vida de alguém para sempre e, normalmente, são fontes de desequilíbrio e instabilidade no futuro. Por isso, separei algumas atitudes comuns do dia a dia que muitas vezes fazemos sem nos dar conta do impacto que podem causar. Observe.

Dizer para o seu filho "me deixa em paz", "some daqui", "não me enche..." gera um impacto direto nos relacionamentos e aceitação dessa criança no futuro, pois criam um sentimento oculto de rejeição. Quando você diz para o seu filho "você é péssimo", "não faz nada direito...", está gerando impacto na vida profissional, nos trabalhos e nos negócios dele quando chegar à fase adulta, criando sentimentos de incompetência. E se você tem o hábito de beber, fumar, for compulsivo no consumo, por internet, drogas ou qualquer outro tipo de vício que esteja presente na vida da criança, vai impactar a saúde e a qualidade de vida dela no futuro, fortalecendo sentimentos de dependência e solidão. O mesmo ocorre se suas atitudes envolvem agressão física ou verbal, como chamar a criança de "burra" ou ter discussões frequentes em frente aos filhos. Essas posturas têm grandes chances de impactar o desenvolvimento pessoal da criança, criando sentimentos de revolta e inferioridade.

A verdade é que, mais do que somos, é o que podemos ser na vida de outras pessoas, sobretudo para as crianças.

Sua bússola de crenças

As crenças podem e são programadas em nossa mente. Algumas crenças são limitantes sobre sua vida, e o mundo pode estar tirando de você o verdadeiro potencial que tem. Já vimos que a mente é tão poderosa que pode curar ou adoecer alguém, pode atrair o bem ou o mal, pode gerar vitórias ou derrotas, enfim... Aquilo em que você crê vai definir quem você é ou será.

A matriz a seguir vai ajudar você a entender a importância de se manter próximo daquilo que pode fortalecê-lo e, principalmente, vai orientar o rumo da sua história. Sempre que você se distancia das crenças de sucesso, abre uma porta para mergulhar em fracassos, angústias e solidão. Faça uma avaliação sincera de onde você se encontra na bússola a seguir, depois explicarei o caminho.

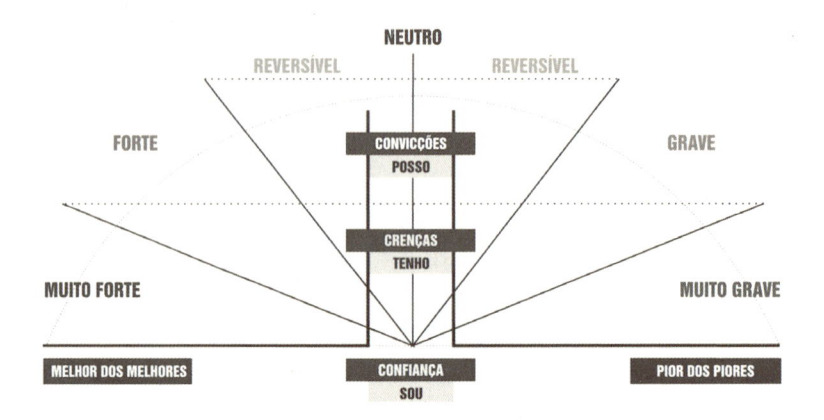

```
                    NEUTRO
       REVERSÍVEL          REVERSÍVEL

                   ┌─────────────┐
   FORTE           │ CONVICÇÕES  │          GRAVE
                   │   POSSO     │
                   └─────────────┘

                   ┌─────────────┐
                   │   CRENÇAS   │
                   │    TENHO    │
   MUITO FORTE     └─────────────┘      MUITO GRAVE

 ┌──────────────────┐  ┌──────────┐  ┌────────────────┐
 │ MELHOR DOS MELHORES │ │ CONFIANÇA │ │ PIOR DOS PIORES │
 └──────────────────┘  │   SOU    │  └────────────────┘
                       └──────────┘
```

ESTADO DE PODER ELEVADO	AUTOESTIMA BAIXA
PENSAMENTOS POSITIVOS	PENSAMENTOS NEGATIVOS
PRÓXIMO DE PESSOAS PRÓSPERAS	VIVE COM PESSOAS FRACASSADAS
CONDIÇÃO DE FÉ INABALÁVEL	SENSAÇÃO DE DERROTA
HARMONIA NA FAMÍLIA	BRIGAS E CONFLITOS NA FAMÍLIA
SUCESSO NA VIDA PROFISSIONAL	INSATISFAÇÃO PROFISSIONAL
CONSCIÊNCIA DO CONHECIMENTO	EXCESSO DE INFORMAÇÃO RUIM
SENTIMENTO DE AMOR	SOLIDÃO E DEPRESSÃO
PRESENÇA DE GRATIDÃO	BUSCA DE CULPADOS
COMUNICAÇÃO DE VITÓRIA	COMUNICAÇÃO DE DERROTA

Quanto mais forte e presente forem as suas condições do lado esquerdo da bússola, onde está o melhor dos melhores, mais próspera e feliz será a sua vida. Na outra direção, quanto mais intensas e presentes forem as suas condições do lado direito da bússola, onde está o pior dos piores, mais fracassada e depressiva será a sua vida.

Todos têm um pouco de cada lado da bússola; além de normal, isso é necessário para que haja equilíbrio. Observe que esse equilíbrio se enquadra no campo neutro, local onde as condições são reversíveis e normalmente caracterizam as convicções sobre o que você pode ser ou fazer. A partir deste ponto, se você fortalece o lado esquerdo, começa a desenvolver um estado de crença forte. Se, em vez disso, fortalece o lado direito, cria um estado de crença grave.

Nos dois lados, esse nível define crenças sobre o que você tem ou pode ter. O próximo nível da bússola promove um estado muito forte do lado esquerdo ou muito grave do lado direito, níveis em que você passa a confiar naquilo que vive e a acreditar que você é a situação em que se encontra, um grau de crença tão elevado que faz confiar plenamente que tal situação não mudará.

Se você ainda não compreendeu a função da bússola, quero que entenda apenas o mais óbvio: você se torna aquilo que escolhe ser.

Observe que, quanto maior seu estado de poder (autoestima elevada), quanto mais pensamentos positivos adotar, estando próximo de pessoas prósperas na vida e adotando uma condição de fé inabalável (capacidade de crer vigorosamente em algo), quanto mais praticar a harmonia em suas relações, alimentar-se de conhecimento útil, sentir amor pela vida e pelas pessoas, ser grato e comunicar vitória, mais sua bússola o levará para uma vida melhor.

Agora, se escolher menosprezar quem você é (autoestima baixa), alimentar-se de pensamentos negativos, manter-se próximo de pessoas fracassadas, estimular brigas e conflitos, convivendo com a insatisfação na vida, dedicando tempo para coisas ruins, buscando culpados para suas frustrações em vez de soluções para superar os desafios, comunicando derrota, isso vai fortalecer a solidão e a depressão, fazendo com que a sua bússola o leve para uma vida pior.

Gosto de dizer que é um erro potencializar problemas. De um modo geral, os problemas sempre existirão em nossas vidas, pois somos humanos e convivemos uns com os outros. Quanto mais crescermos, mais desafios teremos. Para não sofrer com os problemas, e muito menos potencializá-los, o segredo está na forma como canalizamos as decisões da nossa mente.

Você tem dois caminhos que pode seguir para equacionar qualquer problema. O primeiro é analisar se existe alguma solução para ele, e o segundo é entender que, se não existir solução, solucionado está. Por exemplo, imagine que você perdeu o horário para uma entrevista de emprego. Apesar de ser muito importante para você, possivelmente não será mais possível realizá-la novamente. Logo, o foco não é achar um culpado por essa situação, mas, sim, buscar outra oportunidade. Agora, se você ficar nervoso por ter perdido o horário, tentando achar um culpado, gritando com todo mundo que aparecer na frente e remoer os motivos pelo ocorrido, muito provavelmente vai acabar brigando em casa ou no trabalho, estragando o seu dia e o de outras pessoas, criando um ambiente desfavorável para uma solução e favorável para gerar mais problemas. Entende o que quero dizer com potencializar problemas?

Tente olhar para a bússola e enxergar para qual lado você tem sido direcionado. Mudar o rumo da sua vida depende muito de se você tem procurado viver no céu ou no inferno. Lembre-se de que você é o único responsável pelo seu destino.

Construção da sua teia para dar certo

Alguns pontos da vida de todas as pessoas estão interligados na mente e são mecanismos que podem promover o sucesso e a felicidade. Quanto mais equilibrado estiver cada um desses pontos, mais próspera estará a vida e maiores serão as chances de as iniciativas ou sonhos darem certo.

Quero oferecer uma ferramenta extraordinária para que você faça uma rápida, mas profunda, avaliação das condições em que tem vivido atualmente. Essa matriz, que denominei de TEIA (Trajetória de Evolução Individual Ativa), é uma variação da matriz desenvolvida pelo PhD Paulo Vieira para estudo das influências das áreas mais importantes que afetam nossa vida, cujo propósito aqui é permitir que as pessoas possam orientar esforços onde mais necessitam para alcançar transformação e prosperidade.

Para começar, quero explicar um pouco de cada área que você deverá analisar em sua vida:

Profissional: diz respeito a sua carreira e satisfação com o que faz no trabalho e os resultados alcançados.

Familiar: avalie a área da família, que abrange sua vida conjugal, a sua relação com os filhos e parentes.

Amizades: o próximo passo será avaliar os amigos. Verifique se suas relações são prósperas e se os amigos que lhe cercam somam positivamente em sua vida.

Saúde: continue avaliando, agora a área da saúde, que compreende sua condição física e mental, como a prática de exercícios físicos e o estado emocional em que você tem vivido nos últimos meses.

Solidariedade: esse ponto diz respeito sobre quanto você tem servido ao próximo.

Finanças: já na área de finanças, o objetivo é que você avalie seu equilíbrio financeiro, o seu extrato bancário, se têm sobrado ou faltado recursos.

Espiritual: a seguir, analise sua vida espiritual, buscando entender sua conexão com Deus ou sua fé em algo maior, independentemente de sua religião.

Conhecimento: para fechar a análise, avalie seu conhecimento, considerando sua formação e o quanto você tem se atualizado tecnicamente, bem como o quanto tem enriquecido sua mente com boas leituras periodicamente.

Agora que você já entendeu cada área a ser avaliada, vamos começar? Observe a matriz a seguir e sinalize em qual nível você se encontra hoje para cada uma das áreas descritas. Quanto mais realizado você estiver, mais alta será sua avaliação na TEIA. Se, por exemplo, você se sente muito realizado na profissão, sua avaliação dessa área na matriz será próxima do ALTO, se sente que ainda não alcançou realização plena, o nível será o MÉDIO, e se não se sente realizado nessa área de maneira satisfatória, o nível será BAIXO. Você pode pintar cada nível para facilitar sua análise depois. Vai ser importante!

TEIA - Trajetória de Evolução Individual Ativa

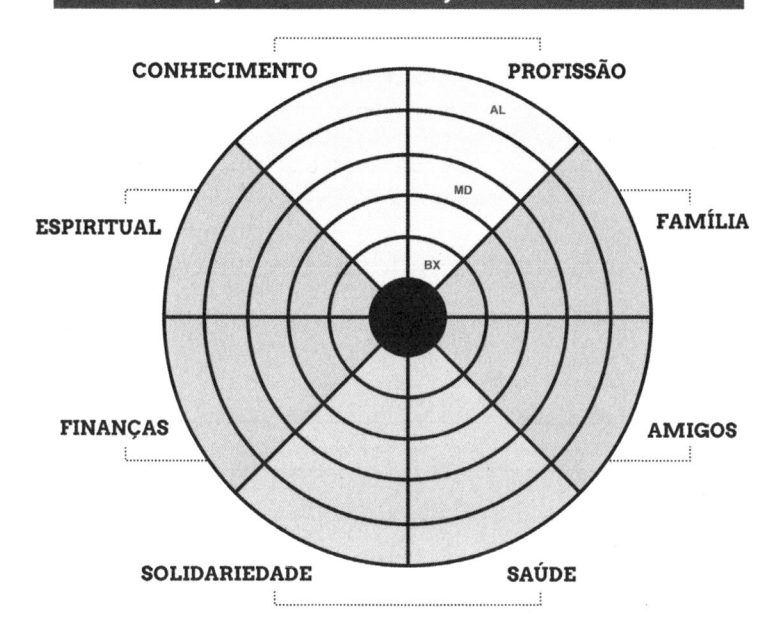

CONHECIMENTO — PROFISSÃO
ESPIRITUAL — FAMÍLIA
FINANÇAS — AMIGOS
SOLIDARIEDADE — SAÚDE

AL
MD
BX

Caso você tenha feito uma análise sincera e profunda sobre cada área, e se pintou cada uma delas de acordo com o nível de sua autoavaliação, tenho então condições de lhe fazer a seguinte pergunta: sua TEIA da vida é capaz de girar de modo uniforme ou tem buracos? Para ela girar uniformemente, todas as áreas devem estar pintadas no mesmo nível; do contrário, você tem uma TEIA com buracos. Com eles, a sua TEIA não é capaz de girar corretamente, imaginando que ela fosse uma roda.

Uma vez feita a sua análise da matriz, fica mais fácil enxergar as áreas que você precisa melhorar e aquelas que deve explorar a seu favor. Para que haja uma ação declarada e capaz de mudar a sua vida, veja qual área está com a avaliação mais baixa e anote a seguir o seu compromisso consigo mesmo.

O que vou mudar na minha vida em, no máximo, trinta dias?

_____

_____

_____

Como vou fazer essa mudança acontecer, usando três atitudes diárias?

1ª atitude: _____
2ª atitude: _____
3ª atitude: _____

Faça uma anotação das respostas acima também em um local visível, que você possa ver todos os dias. Pode ser na parede, no celular, na mesa de trabalho, no espelho do banheiro ou qualquer outro local onde esteja ao alcance do seu olhar diariamente. Isso é necessário e indispensável se você deseja realmente usar o poder da sua mente.

Digo isso porque, ao determinar o que vai mudar na sua vida em no máximo trinta dias, você estará criando para si mesmo um objetivo – modificar algo que não está bom – e uma meta – prazo que está estabelecendo para que isso aconteça. Esse é o primeiro passo para começar a dar certo!

Milhares de pessoas fazem planos e traçam objetivos para suas vidas, é só observar a virada de ano, mas raras entendem que, se não definirem uma meta, seja o prazo, seja a quantidade de algo que deseja atingir, possivelmente passará uma vida sem realização.

Não menos importante serão as atitudes definidas para alcançar as metas declaradas. Atitude é a estratégia de como você fará acontecer o que propõe ou busca. Lembre-se de que sem ação não existem resultados. Milagres só acontecem para aqueles que agem. Portanto, não é difícil definir pelo menos três atitudes diárias que vai adotar para alcançar o seu objetivo na área que pretende melhorar. Eu lhe garanto que, se seguir essa regra simples, de forma disciplinada e consistente, seus resultados chegarão no tempo estabelecido.

Tenha foco em uma área de cada vez. Quem quer fazer tudo ao mesmo tempo, não faz nada no tempo que precisa. Ao alcançar o equilíbrio na matriz da área que focou, identifique outra área que necessita melhorar e faça o mesmo processo. Aos poucos, verá sua vida sendo transformada de forma extraordinária.

CAPÍTULO II
Provocando mudanças na vida

"você jamais terá resultados diferentes fazendo as mesmas coisas, do mesmo jeito...

As pessoas mudam por influência daquilo que conhecem ou daquilo em que creem. Logo, mudar vem do aprendizado obtido e das crenças existentes.

Quando você se encontra em uma situação difícil na vida, é muito comum pessoas próximas, algumas com a melhor das intenções, dizerem que você só precisa mudar o que está difícil. Mas, na verdade, sabemos que não é simples assim. As mudanças só acontecem de fato em nossas vidas por meio de dois caminhos:

1. alto impacto emocional;
2. repetição neural.

O alto impacto emocional é o caminho mais rápido para provocar mudanças, sejam elas comportamentais, sejam emocionais. O alto impacto emocional ocorre quando deparamos com fatos marcantes em nossa vida, como uma tragédia, uma doença grave, uma experiência que tenha causado grande dor, medo, constrangimento, tristeza ou felicidade abundante. Esses episódios são geradores de mudanças imediatas.

O ser humano teme duas coisas em sua vida, uma delas é a morte; a outra, falarei logo mais adiante. Por exemplo, uma pessoa que tem o hábito de fumar. De repente, o médico lhe diz que o cigarro causou uma doença grave e que necessita de tratamento urgente ou ela vai morrer. Ao receber a notícia da doença e do risco de morte, a pessoa sofre o alto impacto emocional, e o medo da morte a faz parar de fumar imediatamente, gerando uma sensação de arrependimento, angústia e impotência.

É fato que a grande maioria das pessoas que sofre um alto impacto emocional muda seus hábitos e suas crenças. A mente de algumas delas desenvolve a fé inabalável pela cura, e as doenças somem sem uma explicação científica. O que elas fazem é agir, mudando a conexão da mente para uma condição de superação inexplicável, ativada a partir do choque.

O outro fator de mudança na vida não é tão imediato quanto o alto impacto emocional, mas é igualmente eficaz se for aplicado de forma correta. Aqui, a mudança ocorre por meio da repetição neural ou reprogramação mental. Neste processo, apesar de mais lento, os resultados também são funcionais.

O ser humano domina a mente e pode ir trocando as informações neurais que o limitam por aquelas que lhe proporcionam evolução. Somos a única espécie com essa capacidade. A nossa mente é um depósito de memórias e experiências que, quando repetidas, alimentam os neurônios com aquilo que deseja fixar no pensamento até que se torne um hábito. É como acontece quando você inicia uma academia, por exemplo. Os primeiros dias são os mais difíceis, certo? Depois, aos poucos, se você continuar praticando, terá a atividade como parte da sua vida sem sofrimento.

Porém, lembre-se de que sua mente consome energia para mudar essas atitudes e hábitos. Por isso, é natural que ao começar algo novo encontre resistência em si mesmo. O mais importante é continuar e não desistir. Faça o que tem que ser feito e verá que a sua mente vai parar de sabotá-lo com as crenças e hábitos limitantes que existiam, impedindo, inclusive, que a influência externa, de outras pessoas, possa impedi-lo de realizar seus sonhos.

Sua memória RAM

A nossa mente registra de forma automática e inconsciente quase tudo que vemos, ouvimos e sentimos. Não temos controle sobre o que está sendo registrado, mesmo nas situações que parecem não ter qualquer relevância. Isso é o que denomino Registro Automático de Memória. Sim, igual à memória RAM do computador. A questão é o quanto podemos programar a nossa mente para substituir os registros ruins por registros bons, usando o consciente.

Se a mente tem o poder de armazenar automaticamente os registros que recebe, ela também pode provocar armadilhas com base no fluxo neural que gera. Portas se abrem a partir do registro de suas emoções e sensações. A síndrome do pânico, por exemplo, que é um tipo de transtorno de ansiedade gerador de crises inesperadas de desespero e medo de que algo ruim aconteça, mesmo que não haja motivo algum para isso ou sinais de perigo iminente, é reflexo do histórico de vida e do bloqueio de registros bons, normalmente causados por traumas na infância, estresse, ansiedade e perturbações mentais.

Atualmente recebemos um volume de informações bastante elevado, o que pode ser prejudicial se não houver um critério adequado sobre o que vale dedicar tempo e atenção. Para que se tenha uma ideia, o fluxo de informações que a mente recebia no passado dobrava a cada 200 anos e hoje dobra a cada ano. Esse fluxo descontrolado e intenso tem impactado principalmente os jovens. Dados recentes apontam que cerca de 80% dos jovens apresentam sintomas de timidez e insegurança. A consequência desses sintomas é o consumo de drogas, bebidas e outros vícios que surgem como compensação, gerando dependência e impedindo a criatividade, as ideias, o bom desempenho e as relações saudáveis.

As informações que chegam à mente devem ser avaliadas com bastante cuidado, especialmente em alguns períodos do ciclo de vida. Você sabe qual é a diferença da mente de uma criança para a mente de um adulto? Vou lhe dizer: como ela é alimentada!

Tudo que vemos, ouvimos e sentimos gera registros na mente, que ficarão por toda vida. Mesmo que essas informações fiquem adormecidas, elas alimentam o chamado "subconsciente" e serão ativadas no momento em que houver conexões compatíveis com essas memórias guardadas. Eu gostaria que todo pai e toda mãe tivessem acesso a essa informação, pois mudaria o futuro do mundo. Quando criança, existe muito espaço para o armazenamento de informações (ver ilustração abaixo).

O DESENVOLVIMENTO CEREBRAL

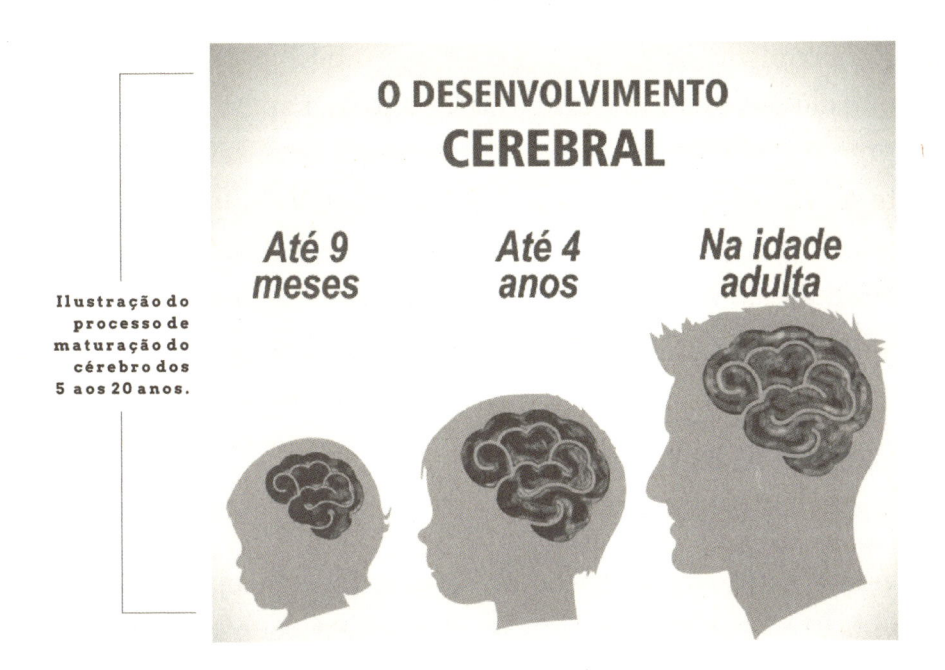

Até 9 meses

Até 4 anos

Na idade adulta

Ilustração do processo de maturação do cérebro dos 5 aos 20 anos.

Nesta fase, a mente está trabalhando com ênfase no controle motor. Com o passar do tempo, se desenvolve a região do córtex pré-frontal, região responsável pelas emoções, raciocínio e lógica.

Todo o registro armazenado no ciclo de desenvolvimento do cérebro fica no subconsciente, podendo ser acessado sempre que as janelas de memória são acionadas pelos gatilhos que fazem as conexões neurais. Isso explica o fato de que muito do que você é e vive hoje tem relação com a composição de informações que recebeu ao longo da vida, sobretudo entre os cinco e vinte anos de idade, período de maturação do cérebro.

Se os pais entenderem isso com clareza, saberão que seus filhos tendem a ser reflexo daquilo que recebem deles nesse período de maturação do cérebro. Deseja um filho violento?

Haja com violência nessa fase. Quer um filho obeso? Mostre que ele deve comer muito o tempo todo. Espera ter um filho preguiçoso? Basta ser preguiçoso na frente dele. É evidente que para toda regra existem as exceções. Mas, em geral, a forma como você se comporta ficará registrada na mente daqueles que o cercam e poderá influenciar o padrão de vida dessas pessoas, em especial das crianças.

Mudança de paradigmas

Estudos revelaram que 97% das pessoas no mundo vivem frustradas e sem os resultados que desejam em suas vidas por medo e ansiedade. Essas pessoas não se sentem realizadas em alguma área de suas vidas, qualquer que sejam suas condições. A negatividade é o principal gerador da escassez, do sentimento de falta e ausência, da angústia e da pobreza.

Se você deseja realmente mudar paradigmas em sua vida, tirar as crenças e os hábitos que possam estar limitando seus resultados, o segredo está em parar de inventar desculpas para fazer o que precisa ser feito.

A transformação e a prosperidade são possíveis para todos. Porém, somente 3% das pessoas no mundo alcançam o sucesso em suas vidas. Quando falo de sucesso, me refiro ao êxito pleno encontrado no equilíbrio das diversas áreas, como as que praticamos na matriz da TEIA. Esse êxito na vida parece só ser real para 3% das pessoas no mundo, todas as outras preferem ser vítimas!

Alcançar uma verdadeira transformação de vida exige que você elimine a procrastinação das coisas que devem ser feitas, mas que você tem adiado. Adiar decisões e tarefas, criando desculpas e álibis próprios para justificar o fato de não fazer, é uma característica da ausência de prosperidade e atraso de vida.

Observe as nove características mais evidentes das pessoas que vivem de desculpas. Analise se alguma delas faz parte da sua vida atualmente.

1. Deixar para depois o que precisa ser feito agora.
2. Transferir para o outro aquilo que é sua responsabilidade.
3. Ter a falta de um propósito bem definido sobre o que você faz.
4. Ser indisciplinado e desorganizado em suas rotinas diárias.
5. Ter o hábito de reclamar de tudo o tempo todo.
6. Estar próximo de pessoas negativas e que não agregam valor.
7. Fazer todos os dias as mesmas coisas do mesmo jeito.
8. Viver sem fé em algo maior que si próprio.
9. Acreditar nas próprias historinhas e desculpas ou viver da história dos outros.

Todo ciclo de mudança exige disciplina e atitude. Por isso, criei um processo simples e capaz de provocar a transformação que todos deveriam alcançar para se sentirem realizados.

O primeiro passo é fazer uma autoavaliação sincera sobre você mesmo. Seja você o seu maior crítico e será uma pessoa melhor todos os dias. Para realizar essa avaliação, anote em um papel como você se vê. Seja realista consigo mesmo e descreva em poucas palavras o que você é hoje, mesmo que isso não lhe seja muito agradável. Perceber nossos problemas é o primeiro passo para mudar o que somos.

Feito isso, o segundo passo será buscar a percepção de outros sobre você. Pessoas casadas podem perguntar para os cônjuges o que eles pensam sobre elas. Os casados costumam ser sinceros depois de algum tempo juntos. Se não for esse o caso, pergunte a mesma coisa para alguém do trabalho, da família, do colégio ou seu vizinho, desde que o conheça suficientemente para dizer a verdade sobre o que pensa de você. Talvez não seja fácil ouvir algumas verdades, mas somente elas podem mudar o que você é, acredite!

O terceiro passo é a saturação. Essa etapa é o momento em que você já fez sua autoavaliação, já ouviu o que pensam de você e terá subsídios para determinar o que quer tirar da sua vida definitivamente para ser feliz. Pode ser o seu temperamento, a acomodação, a ausência de dinheiro ou qualquer outra característica que tenha identificado nas etapas anteriores e que possam estar atrapalhando seu sucesso.

Ao definir o passo anterior, agora você entra na ação. A quarta etapa é a de renovação, um passo importante para mudar de fato o rumo da sua vida para melhor. Renovar a ação é determinar o que vai incluir na sua vida a partir desse momento que será capaz de ajudá-lo a ser melhor. Você deve declarar uma ação forte e que realmente seja capaz de impactar a sua história positivamente, corrigindo o que não está bom. Se tiver faltado dinheiro, declare uma atitude que possa gerar renda extra, por exemplo. Mas o fundamental disso é agir, sem movimento não há deslocamento.

Por fim, a quinta etapa é a fixação. Aqui, você vai definir de que forma pretende fixar a ação que determinou no item anterior. É o momento de falar para você mesmo a forma como pretende persistir para mudar a sua vida. Uma boa alternativa é determinar o seu motivo como meio para fixar suas ações.

O primeiro poder da mente poderosa

Até agora tenho buscado lhe mostrar que a mente tem poder e que você é o único responsável pela forma como vai utilizar essa ferramenta extraordinária que todo ser humano possui. Mas, chegou o momento de revelar o segredo que poucas pessoas no mundo parecem utilizar.

Nos estudos que fiz para escrever este livro, pude observar o comportamento de alguns dos homens mais ricos e influentes do mundo. Lideranças e influenciadores que fazem uso desse magnífico poder que vou lhe apresentar alcançam resultados muito acima da média. O mais curioso é que esse poder não é privilégio somente dos ricos e poderosos; pude constatar sua aplicação em pessoas muito próximas de mim, com quem tive a honra de conviver ou conhecer. Depois, mais recentemente, pude aplicar na minha vida e compreender o seu extraordinário resultado.

O que vou lhe mostrar tem base científica, mas a maior parte do que pretendo transmitir tem mais a ver com a percepção do comportamento de pessoas de sucesso do que com a definição da ciência. De qualquer modo, farei uso de algumas contribuições importantes da ciência para explicar o poder a que me refiro. O mais valioso é que todo o segredo está presente em seu corpo.

Mais adiante, apresentarei outros dois segredos que, somados a esse que vou explicar, completam o ciclo de poder da mente.

Muito bem, vamos começar. Mas antes quero que entenda que não se trata de uma receita de bolo ou fórmula mágica que você segue e o resultado aparece. Esse primeiro poder que lhe apresento exige muito mais que seguir a receita; para funcionar de fato, é necessário que, antes de tudo, você queira muito alcançar uma transformação em sua vida. Digo isso porque centenas de milhares de pessoas no mundo dizem que precisam mudar suas vidas, transformar seus resultados e alcançar prosperidade, mas somente uma minoria é capaz de querer muito, de forma tão inabalável que provoca a realização daquilo que busca.

Por isso, antecipo; será em vão qualquer tentativa de usar o poder que vou apresentar sem, primeiro, entender: somente a sua fé inabalável vai produzir o ambiente favorável para que o poder funcione. Vamos ao trabalho. Conheça a seguir o primeiro segredo da mente poderosa.

A conexão da mente com o coração

Milhares de pessoas no mundo buscam, por meio do pensamento, mudar o rumo de suas vidas. Mas por que somente algumas conseguem de fato resultados? O motivo de a grande maioria não conseguir é a ausência de conexão dos campos elétricos e os magnéticos entre a mente e o coração. Esses campos emitem e atraem tudo aquilo que você estabelece na mente e busca com frequências equivalentes.

Para explicar melhor esse processo, é importante primeiro entender que o coração é o primeiro órgão que dá origem ao que somos. No período embrionário, o coração é o grande responsável pelo desenvolvimento de todos os outros órgãos que formam nosso corpo. O cérebro vem depois. Logo, a ciência já comprovou que o campo elétrico do coração é mil vezes superior ao campo elétrico gerado pelo cérebro. Registros mostram também que o campo magnético do coração é cinco mil vezes mais potente que o do cérebro, de tal forma que pode ser medido a uma distância de até três metros de distância do corpo.

O que se constata, portanto, é que a mente tem poder, mas, sem a conexão do coração, tudo aquilo que deseja não será atraído na intensidade que precisa. Para tornar mais simples esse entendimento, pense esse conceito com a seguinte analogia: uma tomada de energia só funciona se ela tiver os dois pinos tradicionais (bifásico ou monofásico). Porém, se você colocar apenas um dos pinos na tomada, certamente não terá corrente elétrica para fazer funcionar o aparelho que pretende usar, correto? Para funcionar é necessário conectar os dois pinos, de forma integrada e simultânea, para provocar o circuito.

Nossa mente e nosso coração são esses dois pinos que ilustrei anteriormente. A grande maioria da humanidade conecta apenas a mente naquilo que tem buscado, aplicando a racionalidade, como se fosse apenas um pino na tomada. É como se não houvesse a corrente elétrica capaz de produzir energia suficiente para acender o poder da transformação. No entanto, um raro grupo de pessoas tem o incrível poder de conectar a mente e o coração de forma integrada e simultânea, criando um canal condutor de energia e magnetismo poderosíssimo, capaz de atrair riqueza, reconhecimento, felicidade e muito mais. Essas pessoas são aquelas que você geralmente admira, se sente bem estando próximo a elas. São uma espécie de ímã aonde chegam e quando se manifestam. Artistas mais renomados e idolatrados possuem esse poder. E, se você observar bem de perto o que eles fazem, verá que são amantes incondicionais de suas atividades, vivem tão intensamente cada momento que irradiam a energia da atração.

Nos anos 1990, o grupo musical Mamonas Assassinas alcançou um sucesso meteórico no Brasil. Liderado pelo vocalista Alecsander Alves (que viria a ser conhecido pelo nome artístico de Dinho), o grupo ficou à sombra do sucesso por alguns anos, fazendo música como a grande maioria dos outros grupos musicais, até criar algo realmente novo e descobrir o poder da conexão mente e coração, gerando o que defino como "Espiral de Atração".

A energia que envolvia esse grupo era tão elevada que se podia sentir em suas músicas, apresentações e aonde chegavam o impacto dessa "espiral". O efeito dessa conexão, quando atinge tal intensidade, cria um ciclo de ondas que são expandidas e atraem o pensamento desejado. Todo o grupo havia entrado nessa conexão de alguma forma e, por isso, provocavam esse magnetismo extraordinário.

Cada novo sucesso do grupo criava uma nova onda de atração, depois os holofotes inflaram a energia positiva, que era percebida pelo estado pleno de felicidade que eles transmitiam e, como algo sobrenatural, causava furor entre seus fãs e admiradores. Toda essa onda estava diretamente relacionada ao conceito que explico aqui. Lamentavelmente, a energia não distingue o que deve atrair. À medida que veio o sucesso desejado com fé inabalável, a tragédia também veio. Talvez você esteja se perguntando por que digo isso e qual a relação? O fato é que o grupo sofreu um desastre aéreo no auge do sucesso, que tirou a vida de todos os integrantes. Ao analisar os documentários, relatos e matérias sobre o assunto, chama a atenção o fato de que as viagens de avião eram sucessivas e as brincadeiras dos integrantes insinuando a queda do avião também eram frequentes.

O integrante Júlio Rasec chegou a declarar em vídeo que sonhou que o avião caiu, fato ocorrido algumas horas antes do acidente. A preocupação ou o medo em torno das viagens podem ter sido canalizados de tal modo que atraíram a ocorrência. As conclusões são sustentadas em condições lógicas de que houve falha de procedimento, o que de fato ocorreu. Mas, como a mente tem poder, a tragédia também pode ter relação com aquele medo que os integrantes alimentavam.

Como relatei no início deste livro, tive a honra de conhecer pessoas incríveis ao longo da minha vida. Meu pai foi uma dessas pessoas. Ele foi militar e, por isso, sempre andou armado. No dia 2 de fevereiro de 2002, meu pai foi morto, vítima de um assalto. Ele reagiu diante de um garoto de 16 anos, que o acertou com um tiro fatal no coração. Certamente foi um dos piores momentos da minha vida, principalmente porque, no dia de sua morte, eu sei que vi em seus olhos algo muito diferente, como uma despedida, quando saí para trabalhar, horas antes de ele ser baleado. Porém algo inexplicável aconteceu anos depois, quando minha irmã me enviou a foto de uma carta escrita à mão pelo meu pai muito antes da fatalidade.

Ele havia deixado uma carta de agradecimento aos filhos, com palavras que nunca antes tivera pronunciado para nós. Nela, ele dizia que estava bem e que não devíamos nos preocupar. O ponto mais intrigante da carta é que ele colocou a data do dia 2/2/2002. Para mim, foi realmente um choque inicial ao ler aquilo. No entanto, meu pai vivia um momento difícil em sua vida e tenho convicção de que ele escreveu a carta sob forte emoção. Toda essa carga emocional conecta a mente e o coração em uma vibração bastante elevada, e hoje creio não haver explicação plausível para que aquela data tenha sido colocada muito antes da sua morte, se não pelo fato de que ele podia estar determinando seu próprio destino.

Também conheci pessoas que alcançaram a conexão da mente com o coração e atraíram desejos de forma extraordinária. Foram pessoas que chegaram ao poder em vários segmentos, fizeram fortunas sem que houvesse uma explicação razoavelmente lógica para tal êxito. Todos eles tinham no olhar algo especial, um comportamento confiante e pareciam vivenciar o sonho muito antes de eles acontecerem.

De repente, quase que como magia, o universo estava conspirando a favor dessas pessoas e tudo aconteceu da forma como eles me diziam que seria. Eu confesso que, por muitos anos, me perguntei por que não havia conseguido realizar meus sonhos como essas pessoas. É um questionamento quase natural que eu fazia, assim como tende a fazer a maioria dos seres humanos quando vê alguém alcançando o sucesso, ou seja, se vitimar.

Por que me esforço tanto quanto eles e não consigo alcançar o sucesso? Por que não tive a mesma sorte que eles? Onde foi que errei para não ter sido reconhecido também? Por que não pensei nisso antes? Enfim, eram questões que só me colocavam para baixo, na condição de vítima do universo. Foi preciso entender o verdadeiro segredo por trás de tudo para deixar de ser vítima e passar a ser criador das próprias oportunidades de sucesso. Por isso, peço que não se limite a compreender apenas o poder da conexão mente e coração, pois esse é apenas um dos segredos que transformam sua vida. Continue lendo, as próximas páginas são reveladoras e trazem outros segredos que, juntos, serão capazes de lhe mostrar todo o magnífico poder que existe em nosso corpo e nossa mente.

O quarteto da felicidade

A ciência comprova que nosso corpo é feito de energia, que nele existem dezenas de hormônios e substâncias que nos mantêm vivos e que também afetam nossa vida. O estado de poder e de transformação de uma pessoa têm forte relação com a química do seu corpo.

Quero lhe apresentar o elixir da felicidade. São os hormônios que todos temos, de forma gratuita e abundante, mas que nem sempre utilizamos a nosso favor. Quando estimulado, esse quarteto é responsável por tornar a sua vida muito melhor. Tome nota de cada um e faça o esforço necessário para utilizá-los. O quarteto da felicidade é composto dos seguintes hormônios:

1. endorfina;
2. serotonina;
3. dopamina;
4. oxitocina.

Endorfinas

As endorfinas são consideradas uma espécie de analgésico natural para o corpo. Descoberta há mais de 40 anos, as endorfinas geram uma breve euforia que é capaz de mascarar a dor física e gerar uma sensação de bem-estar, conforto e melhora do estado de humor. Quando o corpo e a mente são expostos ao alto impacto emocional, por exemplo, esses hormônios são liberados. Mas não é somente nessas condições, também ocorre a liberação de endorfina quando comemos alimentos picantes, corremos ou sentimos medo.

Serotonina

A serotonina é maravilhosa e flui quando você se sente importante, reconhecido, amado ou entusiasmado com algo. O sentimento de solidão e até mesmo a depressão são respostas químicas que ocorrem quando existe a ausência da serotonina no seu organismo. Exercícios físicos liberam serotonina no corpo. Recordar momentos felizes, dar muitas risadas e ter a sensação de que faz algo importante e prazeroso também libera a substância.

Dopamina

Já a dopamina costuma ser descrita como a grande responsável por sentimentos de amor e prazer, mas também é rotulada de ser viciante. Baixos níveis de dopamina fazem com que as pessoas sejam menos propensas a trabalhar para um propósito. Logo, a dopamina tem muito a ver com motivação e conquistas. Ver o progresso de algo ou alcançar um objetivo aumenta o nível de dopamina, assim como receber uma promoção no trabalho. A melhor maneira de elevar esse hormônio é definir metas que possam ser atingidas e celebradas quando alcançadas.

Oxitocina

A oxitocina está relacionada com o desenvolvimento do comportamento e hábitos maternos. A oxitocina é o hormônio dos vínculos emocionais. Um abraço, por exemplo, produz a substância no corpo. A espécie humana tem a necessidade da ligação social, que contribui, entre outras coisas, para o desenvolvimento do cérebro. A exclusão do grupo ou a rejeição produz transtornos físicos e mentais no indivíduo, gerando o isolamento e consequente redução da oxitocina no corpo, provocando problemas que podem se tornar muito graves.

O poder dos sonhos

Sonhar é tão poderoso que costuma dar certo. Em alguns casos, nossos sonhos chegam a um nível tão profundo que acordamos com a certeza de que era real. Você provavelmente já experimentou essa experiência incrível. Eu, particularmente, adoro sonhar que estou voando.

Dormir tempo suficiente para alcançar um sono de qualidade é comprovadamente necessário para ter equilíbrio na mente e no corpo. O nível de ativação neural que ocorre nos sonhos mais profundos se aproxima daquele que temos quando estamos muito concentrados em algo. Mas para chegar nesse nível é preciso que o sono seja adequado.

Os sonhos são reflexos de cargas emocionais que estão armazenadas no inconsciente. Logo, aquela expressão "sonhando acordado" faz sentido quando analisamos pessoas que são capazes de vivenciar seus sonhos antes mesmo de eles acontecerem de fato. Eles vivem a fé inabalável sobre algo, de modo que acabam por tornar o sonho uma realidade. Os grandes gênios da história eram sonhadores. Alguns deles relatam ter encontrado o caminho para grandes realizações e descobertas em sonhos que tiveram enquanto dormiam. Um dos criadores do Google, o norte-americano

Larry Page, teria sonhado aos 23 anos com a plataforma de busca em computadores domésticos e, ao acordar, passou metade da noite rascunhando o projeto do que viria a ser o maior portal de buscas do mundo.

O sono mais profundo é chamado de REM, sigla em inglês para "movimentação rápida dos olhos". Nessa fase profunda do sono é que surgem mensagens da nossa mente capazes de transformar ideias em realidade. A questão é que essas mensagens, em sua maioria, não são sempre claras, mas reflexos daquilo que temos desejado muito e a mente traduz em caminhos para realização por meio das revelações do sonho alcançado no sono profundo.

Quando nossos sonhos são revelados em nossas vidas, seja por meio do sono profundo, seja da fé inabalável de quem "sonha acordado", o grande risco que existe são os ladrões de sonhos. Sim, um sonho se apaga quando roubam ele de você. Os ladrões de sonhos mais conhecidos costumam ser as pessoas que estão mais próximas, como familiares e amigos.

Essas pessoas são aquelas que costumam dizer que você não serve para isso, não nasceu para aquilo ou deveria seguir o conselho que elas lhe sugerem. Mas o pior ladrão de sonhos que existe está mais perto do que imagina, é você mesmo. Digo isso porque, se você tem deixado que outras pessoas assumam o controle da sua vida, ou se tem desistido facilmente dos sonhos que acredita ser capaz de realizar, então é o único responsável por isso.

O campo de energia que o cerca é como um bumerangue. Ou seja, volta ao mesmo lugar em que foi arremessado. Você atrai o equivalente ao pensamento que emite. A voz interior ou aquela que vem de fora para dentro, quando são estimuladas, alimentam pouco a pouco os seus sonhos ou os sugam.

Às vezes, é preciso ser como uma criança e usar o poder da imaginação. Observe que as crianças não só imaginam, elas vivem o que imaginaram em suas mentes como algo real. Entram na atmosfera do pensamento de tal forma que são capazes de criar suas próprias histórias e entrar ou sair do personagem com muita facilidade, condicionando a mente para o que projete.

Quando adultos, perdemos a capacidade de imaginar com a mesma intensidade. A questão é que, se não vemos riqueza na mente, por exemplo, jamais a veremos em nosso extrato bancário. O sucesso chega para aqueles que se permitem ser conscientes do sucesso. O mesmo ocorre com o fracasso. A mente não diferencia os pensamentos destrutivos dos construtivos, ela apenas recebe o que você alimenta e armazena para que seja utilizado quando as sinapses ocorrem.

Certa ocasião, um grande amigo reclamava de dores nas costas, dizendo que eram insuportáveis e que não melhorava de forma alguma. Observei que essa reclamação era frequente. Depois de um tempo, tive a oportunidade de conversar novamente com ele e não pude conter minha opinião quando ouvi dele a mesma afirmação sobre as dores. Perguntei: "Você quer mesmo se curar?". Prontamente ele me respondeu: "Não vejo a hora de isso acontecer!". Então, respondi que a cura começaria a acontecer quando ele parasse de dizer que as dores eram insuportáveis e que não passariam. Por que eu disse isso?

Na verdade, meu objetivo era fazer com que ele começasse a alimentar a mente com a cura, não com a dor. Ao promover palavras de melhoria, o corpo tem a oportunidade de reconhecer isso, mas, enquanto proferir palavras de doença, estará condicionando a mente para resultados equivalentes, entende? Eu mesmo tive problemas com minhas costas após os 40 anos de idade; uma lesão causada na lombar, provavelmente por ter carregado minha filha nas costas durante uma viagem por mais tempo do que eu deveria, e que, além da dor física, afetou toda a minha rotina de vida, pois os médicos me recomendaram fisioterapia, descanso e interrupção das atividades físicas.

Foram alguns meses nas mesmas condições até que me vi reclamando todos os dias, assim como o amigo que relatei, o que me despertou para uma mudança de pensamento. Passei a conduzir diariamente minha mente para a cura, voltei gradativamente às atividades físicas e, mais uma vez, algo extraordinário aconteceu, pois as dores sumiram e o diagnóstico da lesão também sumiu.

Imaginar e sonhar são instrumentos muito fortes e necessários para conduzir a mente e o corpo na direção dos objetivos. É preciso lembrar que, se algo foi possível para alguém neste mundo, também é possível para você. O mais importante é transformar sonhos em ação.

Recordo-me de que, quando mais jovem, tive uma namorada cujos pais eram muito bem-sucedidos, o que me permitiu ter contato com os privilégios do dinheiro. Entre esses privilégios, eu admirava como uma criança o carro que o pai daquela moça tinha. Era um carro de luxo, importado e de uma marca muito famosa. Toda vez que saíamos no carro dele, eu ficava me imaginando ser dono de um veículo daquele modelo e marca. Então, passei a visitar, sempre que possível, as lojas que revendiam aquele tipo de carro e, apesar de não ter na época qualquer recurso disponível para comprar algo equivalente, eu entrava em um veículo igual e sempre me imaginava dono dele. Hoje, o carro que tenho é uma versão mais nova do mesmo modelo e marca.

O que alimenta o sonho é a sua crença, a sua missão e a visão que determina sobre o propósito que tem na vida. Por que você veio ao mundo? Como pretende ser lembrado? Uma pesquisa revelou que cerca de 80% das pessoas no mundo não têm um propósito claro de vida, são pessoas que passam pela Terra sendo lembradas por coisas pequenas ou sem grande relevância.

Essas pessoas moldam padrões de comportamento repetitivos ou de pouca mudança. Aqueles que possuem crenças bem definidas e sabem aonde desejam chegar, com clareza de propósito e atitudes, geram um elo condutor capaz de tirá-los de onde se encontram para levá-los aonde merecem estar.

O jornalista e escritor uruguaio Eduardo Galeano disse uma frase que deveria ser ponto de partida para reflexão de todo ser humano: "Somos o que fazemos, mas somos, principalmente, o que fazemos para mudar o que somos". O significado dessa frase se resume ao fato de que um sonho pode ser alcançado quando fazemos mudanças na vida.

Alcançar a realização de sonhos não é tarefa fácil ou simples. Na verdade, exige muito esforço e resiliência. Considere que sua vida é uma grande montanha. Lá no cume está o sonho realizado. A maioria das pessoas tem sonhos para suas vidas, mas se esquece de que alcançá-los vai requerer esforços que poucos estão dispostos a executar.

Já deve estar claro que a mente economiza energia, e o esforço, sobretudo para a mudança, consome essa energia. Por essa razão, é natural que as pessoas prefiram ficar na base da montanha, lugar onde elas estejam acostumadas e acomodadas, onde se sentem seguras e que exige pouco ou nenhum esforço. Subir a montanha até o cume requer sair desta "zona de acomodação" para enfrentar o que nem sempre é conhecido, num ambiente repleto de desafios e que, quanto maior a altura, menor será o oxigênio para alimentar sua atitude. Se você não deseja sair da base de sua montanha, provavelmente é porque não tem sonhos reais ou então porque não está disposto a lidar com as frustrações.

O dono das escolhas

O destino é implacável com aqueles que não dominam as suas escolhas. Frequentemente me deparo com alguém reclamando da vida que tem levado, dizendo que não teve sorte ou que a vida que tem é coisa do destino. A questão é que muitas vezes o destino tenta ajudar e o escolhe para mudar a sua vida, mas você fica parado esperando uma ajuda divina e lamentando a falta de sorte.

Na verdade, a vida lhe dá uma oportunidade todos os dias quando você acorda, ela permite que você faça algo extraordinário neste dia, a questão é que poucos escolhem usar essa oportunidade a seu favor. Aos que me dizem que a vida não é justa, sempre faço as seguintes perguntas.

1. O emprego que você tem. Quem escolheu?
2. A família que você constituiu. Quem decidiu?
3. As dívidas que você possui. Quem gerou?
4. O conhecimento que você tem. Quem buscou?
5. A vida que você leva. Quem criou?
6. Os sonhos que você carrega. Quem alimenta?

É evidente que nem sempre as pessoas são aquilo que realmente desejam ser, mas cada pessoa é a dona de suas próprias escolhas. A questão mais importante é se você escolheu ou aceitou o que é. A única situação que de fato não podemos escolher é onde nascemos, mas como viveremos é uma escolha, sim. Isso porque nada na sua vida é uma coincidência, tudo é resultado daquilo que se escolhe. Então, pare de reclamar ou questionar a forma como está vivendo, pois 80% dessa condição em que vive são reflexos do que você tem plantado e alimentado nos últimos anos.

Analisando o comportamento de pessoas que são mais felizes, pude concluir que elas adotam cinco escolhas interessantes em suas atitudes.

5 regras para você gerar mudanças nos resultados

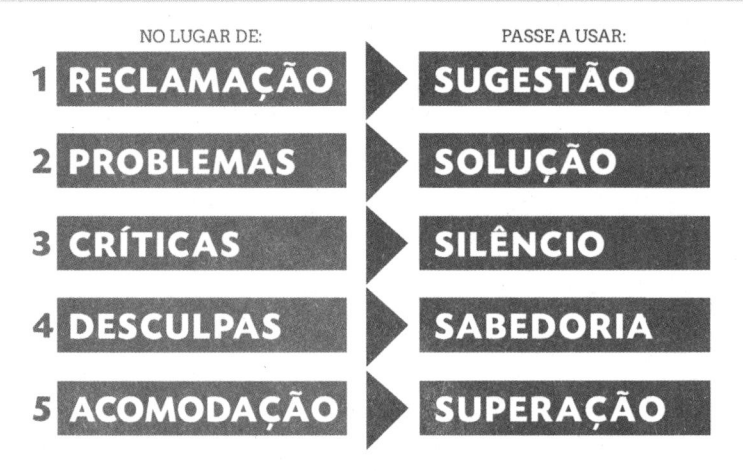

NO LUGAR DE:	PASSE A USAR:
1 RECLAMAÇÃO	SUGESTÃO
2 PROBLEMAS	SOLUÇÃO
3 CRÍTICAS	SILÊNCIO
4 DESCULPAS	SABEDORIA
5 ACOMODAÇÃO	SUPERAÇÃO

Outro fator interessante sobre as escolhas defino como "círculo de influência". Em outras palavras, somos resultado de quem nos rodeia. Quem está fazendo parte da sua vida atualmente está alimentando quem você é hoje. Se você tem ao seu lado pessoas prósperas e felizes, suas chances de alcançar algo parecido são muito maiores do que se você tem vivido mais próximo de pessoas fracassadas e tristes. Se você está realmente desejando uma transformação na sua vida, comece avaliando cuidadosamente o perfil das pessoas com quem mais tem convivido e o tempo que tem dedicado ao lado delas.

O círculo de influência é resultado de quem você segue. Normalmente a influência sobre quem você tem sido está relacionada às seis pessoas mais próximas ou presentes em sua vida. Vale a pena fazer uma análise sobre o perfil dessas seis pessoas e verificar se seu comportamento tem sido influenciado por elas, de que forma impactam o que você é hoje ou que poderá ser no futuro.

Que tal preencher abaixo o nome dessas seis pessoas e avaliar agora o impacto que elas geram em sua vida? Para fazer essa análise, basta colocar o nome, apelido ou algo que possa identificá-la para você. Depois, coloque ao lado sua avaliação para cada uma delas, escrevendo um número equivalente, na escala de -3 até +3, considerando que menos três é uma pessoa com energia muito negativa e mais três se a energia for muito positiva.

Caso a pessoa que você anotou não tenha qualquer impacto na sua vida, apesar de estar muito próxima a você, coloque o número "0" para garantir a neutralidade que a análise necessita. Após anotar em cada um dos seis hexágonos, faça uma contagem, somando os positivos e subtraindo os negativos. Depois, compare o resultado com os tipos de influências que geralmente afetam a sua vida.

RESULTADO	TIPO DE INFLUÊNCIA	IMPACTO NA VIDA
-13 a -18	SOFRIMENTO	DEPRESSÃO
-9 a -12	ANGÚSTIA	ANSIEDADE
-4 a -8	FRACASSO	FRUSTRAÇÃO
0 a -3	MEDO	TRISTEZA
0 a +3	CONFIANÇA	ALEGRIA
+4 a +8	PODER	REALIZAÇÃO
+9 a +12	PROSPERIDADE	RIQUEZA
+12 a +18	SUCESSO	FELICIDADE

A grande maioria das pessoas no mundo caminha para a mesma direção, integra o chamado "efeito manada". A mente tem o poder de receber as informações e armazená-las para que possam ser utilizadas posteriormente. Logo, esse "efeito manada" ocorre quase sempre sem que o indivíduo se dê conta. Os comportamentos mais comuns desse tipo de grupo são percebidos pelo fato de que, em sua maioria, ele acredita em tudo que os outros falam, segue os líderes e nunca assume a liderança, age sempre na defensiva, costuma se colocar como vítima das condições, se contenta com pouco, adora modismos, se dedica pouco ao aprendizado, é influenciado pela derrota e vive em bandos.

Observe as pessoas que venceram na vida, em qualquer área ou condição que seja, todas elas tinham um perfil muito diferente dos citados no "efeito manada". Ao assumir riscos, seguir os próprios instintos, tomar a frente das oportunidades, compreender que são as únicas responsáveis pela vida que têm ou terão, desejar ser e fazer mais, buscar o conhecimento constante e se influenciar pela vitória, concluo que essas poucas pessoas compõem o grupo que denomino "efeito leopardo". Sim, o leopardo é um animal que possui todos esses ingredientes comportamentais, e sabe que, apesar de fracassar na maioria de suas tentativas de alcançar a caça, ele não desiste até conseguir, pois isso determinará a sua sobrevivência.

Seu corpo revela você

A mente e o corpo estão conectados. Portanto, a forma como você se comunica, seja verbal, seja fisicamente, também define o seu poder e o seu destino.

A linguagem verbal é muito utilizada na sociedade. Falamos em média cerca de dezessete mil palavras por dia, segundo estudo realizado na Universidade do Texas, nos Estados Unidos. Sendo assim, é necessário avaliar o que se tem pronunciado diariamente. Suas palavras são mais de otimismo ou de pessimismo? Sua linguagem é amigável ou agressiva? Tem mais "sim" ou mais "não" em suas respostas? O que você tem falado para as pessoas e o que tem ouvido delas é tão poderoso na mente, seja de quem fala, seja de quem recebe, que pode fortalecer ou destruir uma vida.

Não menos importante é a linguagem não verbal. Ou seja, a comunicação do corpo. Estudos apontam que cerca de 90% da nossa comunicação é corporal; e somente 10%, verbal. Quando você sorri ou está triste, se anda com a cabeça para baixo ou para cima, se o ombro está ereto ou arqueado, se o olhar é de interesse ou disperso. Enfim, cada pequeno gesto seu revela para as pessoas ao seu redor o seu estado de poder.

O mais interessante é que cada padrão de comunicação produz químicas específicas no seu corpo. Um pequeno sorriso, por exemplo, é capaz de liberar serotonina, o hormônio da felicidade. A questão, então, é que nossa bioquímica e a nossa emoção podem ser alteradas de forma rápida, apenas mudando a maneira como posicionamos o nosso corpo. Amy Cuddy, importante psicóloga e professora da Universidade de Harvard, nos Estados Unidos, concluiu em pesquisas que, se mantivermos posturas corporais positivas por apenas dois minutos, podemos nos sentir mais poderosos e confiantes. Isso porque essas posturas positivas estimulam as glândulas endócrinas, elevam a testosterona (hormônio ligado ao impulso de poder, ação e disposição) e diminuem o nível de cortisol (hormônio do estresse).

As atitudes e os sentimentos determinam os resultados. O que você tem falado, o que tem olhado, o que tem ouvido e o que tem sentido podem movê-lo ou bloqueá-lo. Faça uma avaliação rápida sobre esses pontos e descubra em qual deles é preciso melhorar para alcançar novos resultados.

Tempo no que é importante

Nossa vida é composta de alguns recursos limitados. A forma como você os utiliza tem significativa relação com os resultados que alcança.

As pessoas querem ter mais dinheiro, mais bens ou mais tempo para suas vidas. O dinheiro e os recursos materiais são importantes e também muitos desejados, mas, se você perdê-los, é possível que, com algum esforço, possa recuperá-los. Porém, o tempo é a fonte mais esgotável que existe no mundo.

Quando comemoramos o aniversário, não deveríamos receber os parabéns por mais um ano de vida, e, sim, compreender a verdade: é menos um ano de sua vida. Nosso tempo neste plano é medido de trás para a frente. Quando nascemos, recebemos um "cartão de crédito" com uma média de vinte e seis mil dias para cumprir nossa missão na Terra. Cada dia que passa é um crédito a menos. Cada minuto do seu dia que passa não volta, e quando se perde tempo com coisas inúteis ou banais, que nada agregam na sua vida e, principalmente, na vida de alguém, considere que seu crédito de tempo foi gasto de forma errada. É certo que esse tempo não voltará jamais.

Por esse motivo, vale muito a pena uma reflexão sobre onde você tem vivido a sua vida. Há quem viva só do passado – os historiadores –, revivendo o que um dia foi bom ou lamentando o que não foi possível realizar em algum momento da vida. Também existem as pessoas que vivem do futuro – os sonhadores –, planejando dia após dia algo que parece nunca acontecer. Entre todas as possibilidades, prefiro crer que o tempo mais valioso da vida de qualquer pessoa é o presente, o agora, que define os criadores. Afinal, tudo se cria no hoje.

Estudiosos do comportamento humano dizem que o ideal é viver 10% no passado, focando no aprendizado e nas melhores conquistas para se fortalecer e orientar as novas decisões; 30% no futuro, em busca de realização, planejando o que pretende alcançar enquanto metas nos próximos cinco anos; e 60% no presente, enxergando as oportunidades, criando e agindo para chegar aonde deseja com a experiência adquirida. Particularmente, concordo com esse pensamento, mas acredito que o presente é a única realidade existente. A mente é condicionada no que acontece agora, criando as sinapses com sua história de vida armazenada ou que permite que suas escolhas possam definir o futuro.

Uma das principais razões que fazem com que as pessoas não tenham êxito em suas vidas é a perda do tempo e do foco. As mulheres, por exemplo, durante muitos anos sofreram com a ausência de oportunidades para mostrarem seu potencial, principalmente porque acumulavam diversas tarefas ao mesmo tempo, como cuidar da casa, dos filhos e de outras tantas coisas, tirando energia daquilo que realmente sonhavam para suas vidas. O mesmo ocorre com as pessoas que fazem muitas atividades concomitantes, sem controle do tempo.

Atualmente nosso tempo é desperdiçado com muitas coisas, sobretudo pelo advento da tecnologia e dos avanços da comunicação. Fiz um levantamento interessante sobre o tempo que uma pessoa dedica assistindo a uma série na televisão, por exemplo.

Uma dessas séries mais famosas contém dez temporadas de dezesseis episódios, com uma média de cinquenta minutos cada episódio. Essa série alcançou milhões de pessoas que, segundo meus cálculos, perderam quase uma semana de suas vidas para assistir a todas as temporadas completas. Se você duvida, basta fazer os cálculos.

Cada temporada completa possui cerca de oitocentos minutos, as dez equivalem a oito mil minutos. Se dividirmos o tempo total por sessenta minutos, que é o que tem uma hora, teremos o resultado de 133 horas. Como um dia tem 24 horas, ao dividir as 133 horas por 24, o resultado será de cinco dias e algumas horas para assistir a todos os episódios. Esse é o tempo que jamais será recuperado. Podemos concluir, então, que esses dias da sua vida passaram sem que você tenha feito algo extraordinário pelo qual possa ser lembrado.

Nesse sentido, deparamos ainda com o desperdício do tempo nos perfis de pessoas acumuladoras. Elas acumulam bens materiais, pelos quais possuem forte apego – como objetos, roupas, sapatos, brinquedos e outros mais. Guardam recibos, parafusos, tudo que acreditam ter algum valor ou função no futuro, mas que normalmente nunca utilizam para nada; somente ocupam espaço e necessidade de tempo para organizá-los.

Outras pessoas são acumuladoras de problemas, têm por hábito deixar tudo para resolver depois e, como resultado, os problemas só crescem e geram uma sensação de falta de tempo para cuidar deles, tanto que acabam afetando outras pessoas. O pior são os acumuladores de sonhos, pois a ausência de ação para realizar os planos cria o sentimento de que nada dá certo na vida, gastando muita energia sem foco, vindo a se tornar pessoas infelizes e frustradas.

A pergunta é, portanto, o que você tem acumulado em sua vida? Se o que você está acumulando atualmente não é prosperidade, é porque está deixando de acumular fé.

Pense sobre o foco que merece real atenção. É comprovado que 80% das consequências de sua vida estão em 20% das causas. O que isso representa? Significa que para solucionar 80% da sua vida é preciso focar em apenas 20% dos problemas, todos os outros serão resolvidos por consequência.

Talvez sua mente esteja concentrada em pequenas coisas que estejam gerando grandes conflitos. Por exemplo, imagine que você trabalhe muitas horas por dia e, por isso, não consegue praticar atividades físicas. Todos os dias, você se cobra ou alguém o lembra de que é bom cuidar da saúde; mas o trabalho ainda é intenso. De repente, um grave problema de saúde o acomete, e isso impacta não somente você, mas toda a família. Mesmo assim, o trabalho exaustivo continua sendo sua prioridade quando, na verdade, sem saúde o seu trabalho e seus ganhos deixarão de existir muito em breve. Portanto, o foco principal, neste caso e momento, deve ser na saúde, e não no trabalho.

O segundo segredo da mente poderosa

Como já disse antes, a conexão da mente com o coração é apenas uma das condições para que seja possível alcançar o poder que todas as pessoas têm. A partir de agora, vou apresentar outro elemento que deve ser somado ao primeiro segredo, pois, juntos, podem gerar um poder extraordinário para aqueles que forem capazes de uni-los.

As pessoas vivem de salário em salário, dia após dia, mergulhados em hábitos limitantes e na busca de algo que não sabem definir o que é, de modo que passam a preencher esses vazios com coisas, muitas coisas.

Existem pessoas compulsivas por compras, outras por comida, e também as viciadas em sexo, bebidas ou drogas. Toda compulsão é reflexo da ausência ou da compensação de algo, mas também pode ser obsessão. De um modo geral, a obsessão caracteriza-se por pensamentos repetitivos e persistentes que provocam inquietação, enquanto a compulsão é um distúrbio em que a pessoa se sente obrigada a executar algo e que tem muita dificuldade em controlar.

O fato é que toda e qualquer ação é provocada, de alguma forma, pelo que nossa mente determina por meio das sinapses que faz. O corpo apenas reage aos comandos, gerando energia equivalente para executar aquilo que o cérebro cria. É sobre essa energia que pretendo esclarecer. Ela é o segundo segredo da transformação, que vou denominar "vibração".

A física quântica explica o poder da frequência, das ondas e dos sistemas físicos. Sabemos que tudo no universo é composto de energia. O corpo não é diferente, nossa vibração emite energia. Toda essa energia que emitimos, sejam boas, sejam ruins, voltam em valor equivalente.

Se o sentimento cria e o coração dá forma – como já vimos no primeiro segredo da mente poderosa –, com a vibração será possível compreender como tudo acontece verdadeiramente. A vibração é um sentimento único que todo ser humano possui. Pode ocorrer de forma coletiva ou individual, mas, raramente, é possível ser sentida por outras pessoas. Porém, quando a intensidade da vibração é elevada, os efeitos são sensíveis e geram um poder de atração extraordinário para tudo aquilo pelo qual se vibra.

Uma equipe de futebol que desenvolve sintonia de vibração para a vitória, por exemplo, expande o ciclo de espiral positiva e alcança mais vitórias que seus adversários, fazendo de cada vitória um novo ciclo positivo que alimenta a vibração, atraindo mais vitórias. Uma pessoa é capaz, da mesma forma, de criar essa vibração para os objetivos de sua vida. A vibração negativa é igualmente equivalente, fazendo com que equipes, grupos ou pessoas alimentem a espiral negativa e atraiam uma onda de fracassos que, somados, aumentam essa vibração para onde não é tão agradável, mas que se torna inevitável à medida que se fortalece. O grande desafio para direcionar o poder da mente para o sucesso é desenvolver e fortalecer a vibração positiva.

Sem as bases de vibração e conexão, a grande maioria das pessoas não alcança êxito quando busca o sucesso. Essas bases envolvem, em primeiro lugar, a decisão sobre um desejo intenso de fazer algo, depois requerem efetiva ação sobre o que a pessoa deseja, e, por fim, uma crença inabalável de que ela é capaz de conseguir o que quer. Mas devo avisar que gerar vibração positiva não se trata de apenas pensar, agir e crer. A verdadeira vibração é tão forte que um ser humano tem o privilégio de alcançá-la em raros momentos da vida.

Vibração pelo senso de propósito infinito

Uma vida em abundância é alcançada quando uma pessoa descobre o significado de sua existência e o motivo pelo qual veio ao mundo. Esse significado e motivo definem o propósito e a fazem enxergar o sentido da felicidade. Mais de 90% das pessoas no mundo não sabem definir o seu propósito na Terra. Na verdade, todos podem até dizer algo para justificar sua existência, mas são poucos os que sabem com exatidão a razão pela qual acordam todos os dias e iniciam suas atividades, sejam elas quais forem.

Uma pesquisa feita com cerca de dois mil trabalhadores revelou que mais de 80% deles tinham como propósito trabalhar na empresa porque precisavam do salário. Ou seja, o propósito da maioria era apenas receber o pagamento no final do mês.

A acomodação faz com que o ser humano crie uma rotina sem propósito que, aos poucos, vai se tornando cansativa e frustrante. O propósito infinito pode surgir muito cedo, ainda na idade infantil, ou ser desenvolvido com base nas influências que o ambiente externo promove na vida.

Seja qual for o momento em que esse significado se desvendar, o importante é não perder a chance que o universo lhe dá, pois dessa oportunidade, muitas vezes única, é que você poderá deixar a sua marca, o seu legado. Se o propósito não se revelar, estimule a mente para encontrá-lo. Esse estímulo pode ser feito por meio de novas ideias e do conhecimento adquirido. A boa notícia é que o mundo recompensa melhor quem tem novas ideias. Com isso, quero dizer que os ganhos e o reconhecimento serão sempre consequência do seu propósito, e não o motivo.

Uma vez encontrado, o caminho para tornar o propósito infinito requer disciplina e condicionamento da mente. Comece dando significado para a vida, usando os verbos de autoafirmação de poder em vez daqueles que o desestimulam. Que tal passar a usar "Eu sei que vai dar certo" em vez de "Eu acho muito difícil", "Eu sou um vencedor" em vez de "Eu sou um azarado" ou então "Eu vou conseguir" em vez de "Ninguém nunca conseguiu". Enfim, a mudança de pensamento contribui muito para os resultados que uma pessoa busca na vida.

A mente humana possui um abismo entre aquilo que vive e o que busca. A questão é em qual lado você tem se mantido. Pense que em um lado da mente se encontram a confiança, o conhecimento, a realização, a atitude, a positividade, o equilíbrio e a superação; no outro lado estão o medo, a acomodação, a rotina, a procrastinação, a negatividade, a lamentação e as desculpas. A distância entre um lado e outro depende das crenças, dos hábitos e costumes que cada indivíduo possui. No entanto, não se trata do tamanho do abismo que divide os lados, mas do tamanho do desejo que existe para cruzar o abismo.

Só permanece na ausência de propósito quem não deseja mudar. A mudança acontece quando você se revolta contra o que o incomoda. Aceitar o que não está bom é como ter uma pedra no sapato e se acostumar com ela. Sentir-se incomodado é algo natural do ser humano em suas relações. Aos poucos, a própria rotina e a falta de mudança tendem a ser um incômodo. Por isso, quero lhe fazer uma pergunta: quanto tempo você acredita ser capaz de ficar sem respirar debaixo da água? Certamente, algumas pessoas podem resistir mais que outras, mas só existem duas possibilidades quando faltar o ar para quem mergulha, que é emergir ou se afogar.

A ausência de ar vai gerar o incômodo necessário para você tomar uma decisão rápida. Obviamente que toda pressão incomoda e gera estresse e, aos poucos, a vida parece ser como ficar submerso na água com o ar acabando. Para sair dessa condição, é obrigatório emergir, sair do fundo e buscar novos ares para sobreviver, declarar revolta e pôr fim a tudo aquilo que dá origem ao incômodo.

A transformação e a geração de um propósito exigem recomeço, mas não existe recomeço para quem vive preso no passado. É preciso criar uma nova história a partir do hoje, do agora, com novos caminhos onde o único diretor da história seja você mesmo. A primeira questão do recomeço é se questionar: se eu pudesse recomeçar a minha vida agora, o que eu faria diferente? Imagine, então, cada dia da sua vida como uma página em branco que o mundo lhe oferece para que você escreva sua própria história. O que você escrever diariamente definirá o seu legado, o motivo pelo qual as pessoas se lembrarão do seu nome.

Faça agora uma avaliação sobre em quais dos perfis a seguir você se encaixa.

- Sou uma pessoa satisfeita.
- Sou uma pessoa empolgada.
- Sou uma pessoa determinada.

Se você é uma pessoa satisfeita, significa que tem pouca iniciativa para mudar, tende a achar que já tem o suficiente, valoriza o passado, não busca novas ideias e se satisfaz com o mínimo. Se estiver no perfil das pessoas empolgadas, representa que suas iniciativas duram pouco tempo, tende a encontrar dificuldades em quase tudo que faz, é dependente da opinião de terceiros, quer resultados rápidos e, quando não acontecem, desanima. Por outro lado, o perfil de pessoas determinadas representa uma mente focada em não desistir até conseguir, tende a crer que é possível mesmo quando dizem o contrário; se projeta para o futuro, vivendo intensamente o presente, confia no próprio estado de poder e compreende o ciclo de tempo para que os resultados apareçam.

Pessoas de propósito se encaixam, em sua maioria, no perfil das pessoas determinadas. Essa determinação é o ingrediente mais importante para se alcançar o sentido da vida, pois será fundamental quando a mente se questionar sobre as possibilidades de alcançar aquilo que deseja. Os grandes nomes da história do mundo tinham a determinação como ferramenta para justificar o senso de propósito infinito. Mas essa não é uma condição apenas dos grandes nomes da história. Na sua cidade, no seu bairro ou até mesmo na rua onde mora, existem pessoas determinadas a cumprir uma missão na Terra, seja qual for. Mas, neste momento, o que mais importa é saber qual é o seu propósito e o quanto está determinado a realizá-lo.

Saber qual é o seu propósito de vida depende muito de em qual perfil a pessoa se enquadra. Existem quatro perfis mais comuns em todo ser humano:

- pessimistas;
- realistas;
- otimistas;
- "visionistas".

Os pessimistas orientam seu propósito para a negatividade. Tudo que fazem nunca está bom, tendem a crer que vai dar errado e promovem a discórdia; são sempre contrários àquilo que não seja exclusivamente o que pensam e, normalmente, influenciam pessoas ao redor com esse propósito. Os pessimistas são inflexíveis e parecem ter como único propósito de vida atrapalhar a vida dos outros. Quantas pessoas você conhece que são assim? Minha dica é: afaste-se delas.

Os realistas orientam seu propósito para a racionalidade. Em geral, não acreditam em novas possibilidades, são pouco flexíveis às mudanças, duvidam sempre de tudo e de todos. Essas pessoas tendem a ser mais acomodadas e metódicas, com propósito baseado no que fazem diariamente em suas atividades, sejam quais forem.

Já os otimistas têm seu propósito orientado para a positividade. Esse grupo alcança excelentes resultados por ser capaz de viver com otimismo, é bastante flexível às mudanças e sempre acredita que é possível melhorar algo. No entanto, nem todos alcançam os resultados que gostariam. O motivo tem muito a ver com o próximo perfil que vou explicar, pois os otimistas possuem a positividade, mas nem sempre a visão.

"Visionistas" é uma expressão própria para definir quem tem propósito empreendedor. Poderiam ser chamados também de "empreendedoristas". Neste grupo, você encontra a minoria das pessoas do mundo. Elas carregam elementos essenciais dos otimistas, mas o que as define realmente é a capacidade de serem flexíveis a ponto de enxergarem oportunidades em quase tudo que fazem, estão sempre em busca da inovação e entendem que, ao criar algo novo, deixarão uma marca na história e, como consequência, serão mais valorizadas e reconhecidas. Se existe um grupo do qual vale muito a pena estar próximo é este.

O terceiro segredo da mente poderosa

Se você já compreendeu a conexão da mente com o coração e o poder da vibração, chegou a hora de conectar o terceiro segredo. Ele não é menos importante que os outros dois apresentados, mas sua utilização é imprescindível para funcionar.

De certa forma, já abordei esse segredo em várias partes do livro e, certamente, farei uso novamente em outros momentos, mas o que pretendo é definir com profundidade o poder que esse segredo tem na vida de toda pessoa que deseja utilizá-lo.

O terceiro segredo da mente poderosa é a "ação". Sim, nenhum resultado vai acontecer para aqueles que não agem, pois essa é a principal ferramenta de que todo ser humano precisa para alcançar seus objetivos.

Você pode ter muitos sonhos, planos e desejos na vida, alguns mais audaciosos, outros menos, mas todos só acontecerão de fato se houver iniciativa e o que chamo de AFF – Ação Frequente e Focada. Isso significa que é preciso agir de forma frequente e com foco no que se pretende alcançar.

A maioria das pessoas se encontra na média porque age com o padrão do esforço mínimo necessário e, normalmente, quando a ação exige esforço acima da média, acaba por desistir, perdendo a frequência, direcionando foco em outras coisas que exigem menos esforço e tirando o foco daquilo que estava em busca. Esse é um dos motivos pelos quais poucos alcançam sucesso na vida. Primeiro, porque a ação é determinante em quase tudo que se pretende realizar; segundo, porque aquele que não tem foco desiste antes de começar ou desistirá no meio do caminho.

Você deve observar no mundo animal o poder desses três elementos que citei. Um leão, por exemplo, quando vai à caça da presa tem um objetivo muito claro e determinado, que consiste em obter o alimento de que necessita para sobreviver, sem o qual morrerá. Ao ter esse objetivo definido, ele identifica o alvo, se prepara para capturá-lo e age com foco até conseguir o objetivo.

Um leão tenta, em média, de sete a dez vezes antes de alcançar sua presa. Ou seja, cerca de 85% da sua vida é de fracasso. Por que ele não desiste? Porque está focado no objetivo e continua agindo com a frequência que for necessária até chegar lá, e mesmo depois de várias tentativas ele continua tentando até conseguir. Já o ser humano tem muitas alternativas e distrações que fazem com que seu foco se alterne constantemente, dedicando tempo a coisas que não contribuem para que ele alcance seu objetivo.

Para agir é necessário que a pessoa desperte. Esse despertar para a vida significa entender, numa análise pessoal muito sincera, a situação em que ela se encontra. Além das ferramentas que já abordei nos capítulos anteriores, podemos aplicar a análise de influência da matriz FOFA, muito utilizada no mundo empresarial, mas que é perfeitamente aplicável em nossas vidas. Ela consiste em identificar quais são as Forças, as Oportunidades, as Fraquezas e as Ameaças que afetam a vida de uma pessoa.

As Forças e Fraquezas são relativas àquilo de que você tem controle na sua vida. Ou seja, em quais aspectos pessoais você se considera, em geral, melhor que outras pessoas (suas forças) e em quais você se considera pior (suas fraquezas). Esses aspectos devem ser todos possíveis de ser controlados por você, o que significa que podem ser mudados quando desejar.

Por exemplo, se você não fala um segundo idioma, e isso o coloca numa condição de fraqueza no contexto da sua vida pessoal ou profissional, será necessário mudar essa condição, iniciando um curso para aprendizagem do idioma. Por outro lado, se você é uma pessoa muito comunicativa e isso lhe gera vantagem no contexto pessoal ou profissional, esta será uma força que deve explorar mais em suas iniciativas.

As Oportunidades e Ameaças dizem respeito às situações das quais você não tem controle. Por exemplo, uma situação de crise econômica, uma lei ou uma nova tendência ou tecnologia que afeta sua vida, mas que não é algo que você possa mudar, somente poderá se adaptar às condições. Nesse caso, cabe identificar quais situações geram uma oportunidade e quais geram uma ameaça para seus objetivos e, a partir daí, se adaptar para converter as ameaças em oportunidades e explorá-las.

Considere que todas as Forças e Oportunidades geram potencialidades, enquanto as Fraquezas e Ameaças vão gerar Fragilidades. Sendo assim, explore ao máximo as potencialidades e se proteja ou corrija as fragilidades.

O mais importante é sair da Zona de Conforto e assumir a responsabilidade de suas ações para obter os resultados desejados. Isso porque aquele que está agindo já está saindo do lugar em que se encontra.

Como já falei anteriormente, agir exige foco e disciplina. No meio de toda ação acontecem os imprevistos e os desafios e, nesse momento, você precisará declarar ao mundo por que está agindo. Se não for por você, aja por aqueles que precisam de você e faça disso o seu motivo.

CAPÍTULO III
Criando prosperidade

"O que você aprende errando é mais importante do que o erro..."

Chegou a hora de entender e começar seu caminho para a prosperidade em várias áreas de sua vida. Não existe espaço para o fracasso aqui. Afinal, você nasceu para viver em abundância, e se ainda não vive assim é porque esqueceu porque nasceu.

Prosperidade é o estado ou qualidade do que é próspero. Ou seja, pessoa bem-sucedida, feliz ou afortunada. Esse estado de prosperidade é cobiçado por quase todos os seres humanos que desejam atingir padrões de vida que lhe garantam a contínua sensação de contentamento e estabilidade emocional.

Normalmente a prosperidade está associada à abundância de bens e riquezas materiais, mas é uma característica também para o comportamento emocional, envolvendo o equilíbrio da mente e espiritual. A palavra prosperidade tem origem no latim *prosperare*, que significa "obter aquilo que deseja".

O que caracteriza a pessoa próspera é a condição de constante desenvolvimento e progresso em determinadas situações. Por exemplo, o aumento de salário, a promoção para um novo cargo profissional, a aprovação em um concurso público, a conquista de um bem ou a realização pessoal em algo muito desejado. Tudo que eleva o ser humano representa prosperidade.

O ponto fulcral do ser próspero está na lei de equivalência, regra necessária para entender que o seu perfil de prosperidade está associado a quanto você entrega em relação ao que recebe. Para alcançar o sucesso, é necessário ter entrega naquilo que você escolhe fazer. Infelizmente, as pessoas querem mais receber do que entregam.

Observe no dia a dia de trabalho que as reclamações são sempre do tipo "estou ganhando pouco", "trabalho demais pelo que estou ganhando", "não ganho para fazer isso" e outras tantas afirmações que não vão gerar prosperidade na vida dessas pessoas, se continuarem pensando assim. Isso não se limita ao trabalho, acontece dentro de casa, na família, com os amigos etc.

É do ser humano ser tendencioso à crítica, quando na verdade deveria ser mais generoso no elogio. Reclamar do marido ou da esposa, da falta de tempo, do pouco dinheiro, dos amigos ou de qualquer outra situação retrata apenas um lado da balança na lei de equivalência, pois, em geral, está medindo apenas o que você tem recebido em suas relações.

Na verdade, o lado mais importante dessa balança na lei de equivalência é o quanto você tem entregado em suas relações. No trabalho, o que você tem feito de diferente e quanto tem inovado? Em casa, qual foi a última vez que abraçou sua família ou fez um jantar especial? Quando passou tempo de qualidade ao lado das pessoas que você ama? Qual foi o curso de atualização que realizou para ser um profissional mais competitivo? Quanto de dinheiro tem sido capaz de poupar? Quanto tempo faz que realizou seu check-up para saber como está sua saúde? Qual foi seu encontro mais recente com Deus ou qualquer condição espiritual em que acredite? Pense sobre o que realmente tem entregado antes de querer receber. A lei de equivalência devolve na mesma proporção que recebe.

Na tabela a seguir, faça uma avaliação pessoal marcando na régua qual é o nível de entrega que você acredita estar fazendo em cada uma das áreas indicadas.

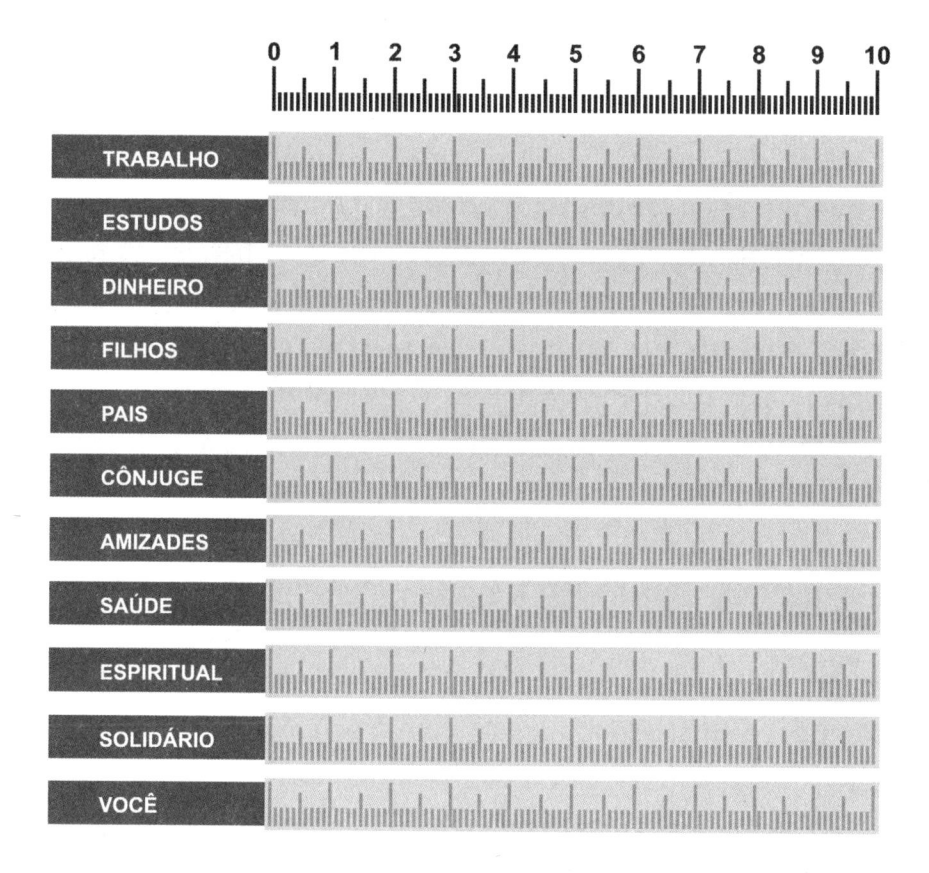

	0 1 2 3 4 5 6 7 8 9 10
TRABALHO	
ESTUDOS	
DINHEIRO	
FILHOS	
PAIS	
CÔNJUGE	
AMIZADES	
SAÚDE	
ESPIRITUAL	
SOLIDÁRIO	
VOCÊ	

É muito importante observar em quais áreas sua entrega não tem sido tão significativa e encontrar meios para melhorá-la. Fazendo isso, tenha certeza de que a vida vai começar um novo ciclo de prosperidade. Acredite, vai dar certo!

A partir dessa leitura, se você continuar empenhado em ler cada trecho, sua mente começará a criar o pensamento próspero. Todos os seus pensamentos se materializam por frequência, e as pessoas obcecadas por algo fazem acontecer mais rápido, o que significa que os pontos onde você pode melhorar devem se tornar uma obsessão. A prosperidade, em qualquer área da sua vida, não se conquista apenas com o pensamento positivo, mas com o sentimento profundo de realização e energia focada onde se encontra o desejo.

A lei da atração determina que os semelhantes se atraem e que o pensamento cria a condição. Logo, se você diz que não quer se atrasar, vai se atrasar. Se diz que chegará no horário, não vai se atrasar. Entenda que a mudança nos resultados exige esforços que, muitas vezes, requerem apenas uma mudança na forma como você tem expressado seu pensamento. A vida começa a ser próspera quando você deixa de focar no que não quer e passa a profetizar o que realmente deseja.

Estudos recentes demonstram que o pensamento positivo é cem vezes mais poderoso que o pensamento negativo. No entanto, o ser humano é influenciado muito mais pelo pensamento negativo. O que predomina na sua mente hoje? Qual o sentimento mais ativo na sua vida? Você recebe não só o que está pensando, mas, principalmente, o que está sentindo!

O alcance da prosperidade exige, também, que você entenda sua responsabilidade no processo. As pessoas sofrem constantemente com os conflitos de competência, uma condição que define o que é seu e o que é do outro. Observe a seguir as principais condições que devem ser consideradas nos conflitos de competência.

O QUE É MEU?	O QUE É DO OUTRO?
RESPONSABILIDADE	COLABORAÇÃO
CONHECIMENTO	OPINIÃO
SENTIMENTO	INTERESSE
DECISÃO	INCENTIVO
INICIATIVA	PARTICIPAÇÃO
CONVICÇÃO	CONEXÃO
SOLUÇÃO	MOTIVAÇÃO
TEMPO	ESCOLHAS
RESULTADOS	CONSEQUÊNCIAS

No gráfico anterior, veja que as responsabilidades são suas. Aos outros cabe apenas colaborar no processo. O conhecimento é algo que você deve buscar, deixando aos outros apenas as opiniões. O sentimento também é só seu, não espere que os outros sintam o mesmo que você, pois a eles caberá apenas o interesse ou não pelo que você sente.

As decisões são suas. Dos outros, espere apenas o incentivo, se existir. Ter iniciativa cabe somente a você. Se continuar esperando que os outros façam aquilo que é seu, não alcançará os resultados que deseja, pois aos outros cabe no máximo participar da sua iniciativa.

Toda convicção sobre algo é outra condição sua, os outros podem até se conectar com o seu propósito. A solução de problemas e desafios é toda sua, os outros talvez se motivem a ajudá-lo. O uso do tempo é exclusivamente seu e não deve ser deixado para que outros definam esse tempo, pois aos outros cabe apenas escolher participar ou não do seu precioso tempo.

E, finalmente, os resultados serão colhidos por você, sejam eles quais forem, bons ou ruins, ficando para os outros apenas as consequências. Definitivamente, pare de buscar culpados para os resultados que você tem tido na vida, pois tudo que tem acontecido contigo é fruto do que tem semeado.

O ciclo da prosperidade

Acredito que você esteja entendendo os princípios essenciais para usar a mente a seu favor. Tudo que abordei até aqui pode ser muito útil na sua vida e, dependendo de suas escolhas a partir dessas informações, o alcance da prosperidade vai realmente acontecer.

Porém, para ser próspero e alcançar a felicidade, é preciso estar livre de ressentimentos. Os ressentimentos enfraquecem mais você que o outro. Talvez, para se libertar desse sentimento destruidor, seja necessário ter humildade e inteligência emocional suficientes para pedir perdão, mesmo que o outro lado não aceite sua posição.

Todo ressentimento é alimentado aos poucos, ele não se constrói de uma única vez. O primeiro estágio desse processo é a mágoa, momento em que alguém ou algo o deixou chateado e você não resolveu imediatamente a situação. Quando você não resolve no primeiro estágio, entra no segundo estágio, que é o rancor, aquela sensação de não conseguir esquecer algo que o incomodou e que começa a alimentar uma mágoa profunda, desencadeando o próximo estágio, o da raiva.

Quando a sensação de raiva predomina, começam os transtornos. É o momento em que o ego se sente ferido, e perdoar alguém parece ser quase impossível. Quando não existe resolução para os estágios anteriores, torna-se inevitável o quarto e último estágio: o ódio, caracterizado pelo sentimento intenso de raiva e aversão, principal condição que provoca a ira, a revolta, o desgosto e a repulsa contra uma pessoa ou algo, gerando um forte desejo de evitar, limitar ou destruir o que lhe causou tal condição.

Em qualquer estágio do ressentimento você estará alimentando negatividade na mente, podendo desencadear, entre outras coisas, as doenças. Ao deixar de resolver pequenos problemas ou desavenças com uma pessoa, em cada estágio, geram-se os bloqueios para uma vida próspera.

O ciclo da prosperidade existe a partir de uma lógica para todas as conquistas do ser humano, que segue um ciclo natural de realização baseado em seis condições comportamentais, padronizadas para o sucesso de qualquer iniciativa. O sucesso nada mais é, portanto, do que um estado pleno de felicidade e realização na vida. Elaborei um fluxograma que define de forma muito prática esse ciclo, de modo que permita um entendimento simples para ser adotado em sua vida.

```
                POSSIBILIDADES

                     SONHO

RESULTADO  CONQUISTA         AÇÃO    ATITUDE

                   FELICIDADE

  VIBRAÇÃO   ENERGIA         RAZÃO   MOTIVO

                    CRENÇA

                  CONFIANÇA
```

A primeira etapa do ciclo de prosperidade mostrado no fluxograma anterior é a capacidade de sonhar, que todos nós temos e que já abordamos anteriormente. O sonho compõe o que chamo de zona das possibilidades, situação que leva nossa mente a refletir sobre o que pode ser possível realizar a partir de uma ideia. As pessoas que realmente desejam ser prósperas devem começar sonhando e crendo nas possibilidades de realização do sonho; do contrário não terão ambiente favorável para ir ao próximo nível do fluxograma.

Na segunda etapa do ciclo de prosperidade entra em cena, mais uma vez, a necessidade de agir. Já falei muito sobre ação neste livro e espero que você entenda que esse comportamento define a zona das atitudes. Quem tem atitude está agindo;

quem não tem, certamente vai regredir. As possibilidades começam a tomar forma quando você começa a agir e a colocar em prática algo com que sonha; se isso não acontece, você está onde fica a maioria das pessoas: nos sonhos.

Ao iniciar suas ações, os desafios começarão a surgir e inúmeras barreiras podem tentar destruir os seus sonhos. É o momento em que a mente deve ser alimentada com a razão, que é o motivo pelo qual você está agindo. Lembre-se de que é muito importante ter um motivo forte para você não desistir do que está buscando.

Aqueles que possuem motivos fortes conseguem avançar em seus sonhos e, aos poucos, naturalmente entrarão na etapa das crenças positivas. Esse é um dos momentos mais extraordinários que um ser humano alcança em sua vida, pois consegue desenvolver a zona da confiança. Quem crê com fé inabalável constrói uma crença e uma confiança superior em sua capacidade de realização que, no tempo certo, vai gerar os frutos esperados e nada o fará desistir dos sonhos, superando todas as barreiras que encontrar pela frente.

Quando você alcançar a zona da confiança, será natural que entre em cena a etapa de energia, momento em que ocorre uma conexão incrível que desperta a zona de vibração, capaz de atrair os seus desejos de forma inexplicável. Essa vibração é aquela da qual falamos na conexão da mente com o coração. Quem chega nesse nível irradia confiança e passa a agir de forma tão intensa que nada no mundo parece ser capaz de pará-lo. Eu costumo dizer que esse momento é como estar próximo da linha de chegada em uma corrida, você não quer parar de jeito algum.

A última etapa do fluxograma de prosperidade é a conquista. Para os que realizam seus sonhos, esse é o momento da celebração, é quando você alcançou a zona de resultado. Ou seja, aquilo com que você sonhou foi conquistado, então comemore e agradeça pela conquista. Neste momento, seu corpo libera substâncias que alimentam suas convicções, trazendo a felicidade e uma sensação de autorrealização que poucos são capazes de experimentar de fato.

O mais gratificante de cumprir todo esse ciclo é descobrir que uma conquista realimenta o sonho, gerando novas possibilidades que o fazem agir novamente, iniciando todo o ciclo de forma contínua. É por isso que pessoas de sucesso nunca param de desenvolver novos projetos e iniciativas, elas entenderam esse fluxo e usam isso a seu favor para atrair mais prosperidade.

Os sonhos e desejos são matéria-prima para quem deseja conhecer a prosperidade. A questão é que, quando os desejos não se realizam, as pessoas tendem a se vitimizar e enfraquecer os seus sonhos. Não deixe que isso aconteça!

Adote algumas atitudes simples que podem ajudá-lo a não desistir dos sonhos. Primeiro, peça todos os dias o que deseja. Escreva em um papel, coloque no despertador do celular, no painel do carro ou na geladeira. Não importa onde, apenas torne visível seu sonho todos os dias e peça com convicção para que ele aconteça.

Coloque escrito também o motivo pelo qual quer realizar esse sonho. Pode ser na parede do quarto, no espelho do banheiro ou qualquer outro local que não o deixe esquecer o motivo, que deve ser forte o suficiente para não o deixar desistir do sonho. Isso vai motivá-lo a agir, a criar uma crença de confiança e, principalmente, vai gerar a vibração de que precisa para seguir em frente todos os dias.

A mente necessita de fé inabalável, experimente imaginar-se dono do que busca. Feche os olhos para viver a conquista em sua mente, como se dissesse a ela diariamente que você chegou aonde sonhava. Posso lhe garantir que, se for disciplinado, resiliente e paciente o suficiente, você vai realizar o que sonha.

O poder do ikigai faz sentido

O ikigai é um símbolo japonês que significa "a razão para existirmos". De acordo com a teoria japonesa, todo ser humano tem seu ikigai. Descobrir qual é o seu requer uma profunda e extensa busca de si mesmo. Encontrar o seu ikigai permitirá que você seja mais satisfeito com o que vive e que tenha um propósito infinito que dará significado para sua vida.

Diagrama do Ikigai:

- Satisfação, mas sensação de inutilidade
- O que você AMA fazer
- Prazer e plenitude, mas sem riqueza
- PAIXÃO
- MISSÃO
- No que você É BOM
- IKIGAI
- O que o mundo PRECISA
- PROFISSÃO
- VOCAÇÃO
- Conforto, mas sensação de vazio
- O que você pode RECEBER por isso
- Entusiasmo e satisfação, mas sensação de incerteza

A ilustração acima mostra que o ikigai é o centro da consciência de todo ser humano. Desenvolver a força motriz para viver inclui o equilíbrio dos pontos abordados na ilustração, pois todos estão intimamente interligados.

Veja que o primeiro ponto a ser identificado é o que você ama fazer, pois, ao descobrir isso, estará criando uma missão para sua vida e paixão pelo que faz, naturalmente você será uma pessoa que sente prazer em sua atividade. No entanto, isso por si só não lhe trará riqueza. É preciso desvendar se o que você ama fazer é algo que o mundo precisa. Se for, estará criando uma missão vocacionada que lhe trará entusiasmo e vibração positiva, mas ainda incerta quanto à capacidade de gerar riqueza.

Entra, então, o desafio de responder o que você pode receber pelo que faz, fato que dará à sua vocação sentido para se tornar um profissional nessa área, gerando conforto. Mas o vazio só será preenchido se você descobrir no que é bom e explorar isso, fazendo da sua profissão uma paixão.

O resultado de um ciclo completo é a satisfação plena de viver. O poder do ikigai só funciona se todos os pontos estiverem alinhados; do contrário, você será frustrado com a própria existência, com a sensação de infelicidade, vazio, desânimo, tristeza, reclamações e outros sentimentos que muitas vezes não sabe dizer por que está sentindo.

Quem vive o ikigai verdadeiramente se diverte com o que faz, sorri muito mais e contribui na vida de outras pessoas. Às vezes, é preciso esclarecer a si próprio se a vida que tem levado é a que você sonhou ou se está vivendo o sonho de outra pessoa. Se você não está vivendo o que faz sentido na sua vida é porque ainda não encontrou o seu caminho!

A mente constrói a riqueza

Antes de tudo, ser rico não significa que você tenha que ter abundância de dinheiro. A riqueza tem muitas faces e nem sempre o dinheiro é o que faz de uma pessoa mais rica que a outra. Basta prestar atenção e vai descobrir pessoas ricas pelo dinheiro e pobres de espírito, e outras que não possuem a riqueza financeira, mas são ricas de felicidade.

São muitos os que associam a prosperidade financeira ao dinheiro, outros acreditam que tem a ver com o acesso ao estudo ou com a origem de uma pessoa. Não é verdade, posso lhe garantir que existem pessoas com muito estudo ganhando pouco e pessoas com pouco ou nenhum estudo ganhando muito dinheiro.

O sucesso e a prosperidade financeira têm a ver com a forma como você administra seus recursos; ao passo que a riqueza tem muito mais a ver com a maneira como sua mente define a forma como vive a vida. Sem nenhuma crítica às condições de vida das pessoas, mas é muito provável que, se um miserável ganhar na loteria, volte para a pobreza em pouco tempo. Muitas vezes, a pessoa sai da pobreza, mas a pobreza não sai dela. Digo isso porque aqueles que não mudam a configuração da mente estarão fadados a viver com os mesmos resultados, mesmo ganhando muito dinheiro.

A sociedade vive uma explosão do comportamento consumista. Somos estimulados o tempo todo a comprar. A propaganda e o modismo são colaboradores nesse processo, mas o fato de uma pessoa comprar mais do que ela de fato precisa tem mais a ver com a ansiedade e a compensação de ausências do que com a necessidade.

Certa ocasião estava com minha esposa e minha filha passeando pelo shopping e notei que minha filha parava em frente às vitrines e sempre me dizia: "Pai, olha que lindo, eu quero!", se referindo aos produtos que chamavam a atenção dela. Em um determinado momento que ela disse isso novamente, eu perguntei se ela queria ou precisava daquele produto. Ela parou e silenciou, sem uma resposta. Passado um tempo, voltamos ao shopping novamente e minha esposa parou em frente a uma vitrine e me disse: "Amor, olha que bolsa linda, eu quero!". Imediatamente minha filha, que estava ao lado, questionou: "Mãe, você quer ou você precisa?".

Sem equilíbrio emocional e preparação da mente para a riqueza, o ser humano tende a gastar mais do que deve. É muito comum que haja um desequilíbrio responsável por provocar a reação compensatória de consumo. Os sentimentos de medo, de perda, de vazio ou de culpa desencadeiam as compras de impulso, o que coloca milhares de consumidores gastando mais do que podem e perdendo o controle sobre o que precisa ser controlado.

Quando as contas começam a fugir do controle, surgem as desculpas e o vitimismo para justificar o que só está piorando. Em vez de assumir a posição e mudar o rumo do barco, que está indo para o abismo, o indivíduo cria uma autossabotagem. O que isso quer dizer? Significa que as desculpinhas surgem para justificar os atos. É quando a gente ouve frases do tipo: "eu vou pagar com o cartão de crédito, só vai vencer no mês que vem", ou "eu trabalho tanto que mereço comprar isso".

Há quem compre coisas para agradar a outra pessoa, na tentativa de compensar algo que não esteja bem resolvido em uma relação, por exemplo. Esse comportamento não contribui para a geração de riqueza.

Vamos falar de inteligência financeira? Muito bem, para começar, me responda a estas duas perguntas: quanto sobra do que você ganha hoje? E se você parar de trabalhar por algum motivo, por quanto tempo consegue manter o seu padrão de vida atual? São perguntas simples, mas que definem claramente a sua condição financeira.

O desenvolvimento da mente inteligente para os aspectos financeiros é muito importante, isso porque a nossa vida, sem dúvidas, é afetada em diversos aspectos pela ausência de dinheiro. No entanto, quando temos esse recurso disponível, torna-se um desafio administrá-lo adequadamente, de modo que possa garantir uma vida plena financeiramente. Não pretendo entrar nos conceitos de economia ou me aprofundar em finanças, apesar de estudar muito a respeito. O que desejo é despertar em você um olhar para a prosperidade por meio da capacidade de gerenciar seus ganhos financeiros para obter ganhos e equilíbrio em outras áreas da sua vida.

Como já disse, a mente sempre é condicionada para a geração de crenças e hábitos que, às vezes, se tornam limitantes. Também já vimos que as pessoas podem ser ricas e viver na pobreza ou vice-versa. Sendo assim, chegou a hora de avaliar os princípios que definem uma mente pobre ou rica, baseando-se em algumas características comportamentais.

MENTE DA RIQUEZA	MENTE DA POBREZA
GASTA MENOS DO QUE GANHA	GASTA MAIS DO QUE GANHA
GANHA PRIMEIRO E DEPOIS GASTA	GASTA ANTES DE GANHAR
COMPRA APENAS O QUE PRECISA	COMPRA TUDO O QUE QUER
PLANEJA SUAS CONTAS	NÃO SABE ONDE GASTA
POUPA PARA TER INDEPENDÊNCIA	PENSA SOMENTE NO HOJE
DECIDE RACIONALMENTE	DECIDE SEMPRE PELA EMOÇÃO
ENSINA OS FILHOS SOBRE SER	ENSINA OS FILHOS SOBRE TER
PENSA COMO EMPREENDEDOR	PENSA COMO ASSALARIADO

O que lhe ensinaram sobre o dinheiro? Quais foram os ensinamentos que você recebeu de sua família, principalmente de seus pais? Tente se lembrar de como eles viviam e como administravam o dinheiro. Eles tinham a mente da riqueza ou da pobreza, na sua opinião? Nossos pais nos transmitiram aquilo que receberam e vivenciaram em suas vidas sobre a educação financeira. E o que aprendemos decorre de anos de ensinamentos. Portanto, o que vou abordar aqui pode ser que exija de você algum tempo para começar a fazer sentido e ser aplicado em sua vida financeira.

Estudos mostram que apenas 20% da população mundial administra adequadamente seus recursos financeiros. A maior parte pratica o que chamo de preguiça mental. Neste caso, falamos de pessoas que foram educadas para estudar e ter uma boa formação, arrumar um bom emprego, se manter no trabalho com o melhor cargo e salário possível até chegar na aposentadoria.

Desses 20% que praticam uma administração saudável do seu dinheiro, somente 3% são considerados milionários ou possuem riqueza suficiente para sua independência financeira. Quando falo de ser independente financeiramente, refiro-me ao fato de você não ter que trabalhar para obter renda. Para muitos, isso ocorre na tão sonhada aposentadoria, mas grande parte dos aposentados não ganha sequer para manter suas necessidades básicas. Neste caso, todos os anos de trabalho não foram suficientes para garantir o padrão de vida sempre sonhado, quando não houvesse mais renda. Eu vou falar sobre isso adiante.

Ter mais ativos do que passivos, ou seja, ter mais a receber do que a pagar é o caminho para construir a chamada renda passiva. Essa renda virá da sua capacidade de fazer o dinheiro que sobra ser corretamente aplicado para ser acumulado ou investido em alternativas que o rentabilizem. Fazendo isso consistentemente, com um bom planejamento de curto, médio e longo prazo, as chances de você não depender de aposentadoria no futuro são muito grandes. Essa é a mentalidade da riqueza; do contrário, comece a se preocupar com o que terá de ganhos na aposentadoria.

A independência financeira de curto prazo está basicamente ligada à sua reserva emergencial, àquele dinheiro que acumulou e que pode garantir o padrão de vida atual por tempo suficiente até que uma situação de ausência de dinheiro se normalize. Normalmente se fala em reserva de contingência para um período entre seis meses a um ano. Essa é uma reserva fundamental, pois vai evitar que você venha a contrair dívidas. Criar o hábito desse tipo de reserva vai prepará-lo para uma mente de prosperidade, que começa a pensar em médio e longo prazo.

Uma dica importante é sair das dívidas. Os altos juros de bancos, financiamentos e empréstimos comprometem qualquer possibilidade de alcançar a independência financeira. Na verdade, quem entra no cheque especial ou no cartão de crédito tem grande chance de se tornar um dependente financeiro. O último levantamento de uma marca brasileira de análises e informações para decisões de crédito e apoio a negócios no Brasil mostrou que mais de sessenta milhões de pessoas se encontravam inadimplentes, o que representa cerca de 30% da população. O dado é preocupante e demonstra que, além de um cenário econômico pouco favorável, grande parte dos brasileiros não possui inteligência financeira capaz para evitar dívidas.

As escolas ensinam muitas técnicas, em diversas áreas, mas são raras as que falam sobre a educação financeira, e menos ainda sobre empreender. Elas ensinam a ter passivos ao invés de gerar ativos.

Robert Kiyosaki, um dos mais renomados escritores do mundo na área de finanças, aborda em seu best-seller *Pai rico, pai pobre* aqueles que trabalham pelo dinheiro e aqueles que fazem o dinheiro trabalhar por eles. Em síntese, Kiyosaki nos mostra que as pessoas que detêm inteligência financeira multiplicam seu capital fazendo as escolhas certas, seja por meio de aplicações financeiras, seja por aquisições de imóveis capazes de gerar renda ou ganho de capital, desenvolvendo ou investindo em novos negócios que se mostrem lucrativos ou, ainda, criando rendas oriundas de direitos autorais, *royalties* ou participações societárias.

Quem domina o capital com sabedoria multiplica seus recursos. Quando falo de recursos, refiro-me não somente ao dinheiro, mas também ao seu tempo e ao dos outros, os recursos materiais e aos bens de capital. Ao adotar a inteligência financeira e condicionar a mente para a prosperidade, todos esses recursos tendem a se multiplicar. A multiplicação de recursos permite que você tenha mais tempo para planejar, para viajar ou para simplesmente descansar sem se preocupar com a escassez de dinheiro. Você começará a sentir o poder da independência financeira quando for ao restaurante e não mais olhar primeiro para o lado direito do cardápio (local onde normalmente estão os preços).

Para ajudar você a encontrar o caminho rumo a sua independência financeira, criei dois tipos de mentes, nas quais é possível ir se enquadrando até chegar ao perfil ideal. Veja a seguir.

MENTE CAPITAL AMPLIADO	MENTE CAPITAL LIMITADO
INTELIGÊNCIA FINANCEIRA	MIOPIA FINANCEIRA
CONQUISTA E INVESTE	TRABALHA E GASTA
EMPREENDE E MULTIPLICA	COMPRA E PAGA JUROS
COMPRA BEM O QUE VENDE	NÃO NEGOCIA O QUE COMPRA
VENDE BEM O QUE COMPRA	VENDE A QUALQUER PREÇO
PENSA NO LONGO PRAZO	PENSA NO CURTO PRAZO
RECONHECE OPORTUNIDADES	QUER SEGURANÇA SALARIAL
TRABALHA E GERA ATIVOS	ACUMULA PASSIVOS

Para ilustrar melhor os tipos de mentes de capital, criei a seguinte situação para você analisar. Imagine que numa empresa há dois vendedores. Eles ganham o mesmo salário mensal, são casados e sem filhos, têm a mesma idade e a mesma formação; além disso, nenhum deles tem dívidas e as carteiras de clientes geram as mesmas oportunidades.

O primeiro quer comprar um carro popular, que custa cerca de R$ 40 mil. O segundo sonha comprar um carro de luxo, na faixa de R$ 140 mil. Assim, com ganho médio mensal de R$ 10 mil por mês, cada um deles traçou seus planos e foi em busca da realização de seus desejos, agindo da seguinte forma.

MENTE DO CARRO DE LUXO	MENTE DO CARRO POPULAR
Investiu em ativos	Investiu em passivos
Comprou o carro depois	Comprou o carro na hora
Comprou à vista	Comprou a prazo
Conseguiu 20% desconto	Deu entrada de 20%
Juntou dinheiro por 2 anos	Financiou o saldo em 60X
Fez seguro à vista	Fez seguro parcelado
Recebeu bônus de metas	Contou com salário da esposa
Superou a meta de vendas	Manteve a meta de vendas
Criou um negócio para esposa	Esposa perdeu emprego
Nasceu o primeiro filho	Nasceu o terceiro filho
Mora em casa própria	Mora de aluguel
Cursando pós-graduação	Cursando tecnólogo
Juntou o dobro do valor do carro	Não possui economias
Negocia o carro pela tabela	Vende o carro abaixo da tabela
VIDA PRÓSPERA	**VIDA MEDÍOCRE**

Diante das atitudes que cada um teve, tente identificar quem fez uso da mente de capital ampliado e quem ficou na mente de capital limitado. Ambos tinham as mesmas condições, mas a atitude de cada um determinou resultados diferentes em suas vidas. Um alcança vida próspera, e o outro, uma vida medíocre. Entenda "medíocre" como aquele que vive na média.

A mente de capital ampliado não é obrigatoriamente a dona de uma empresa ou um grande investidor. Você pode ser empregado e ter a mente de empreendedor. Aliás, como bem diz o empresário e palestrante Geraldo Rufino, "o melhor CNPJ para se empreender é o do outro". É como dizer que o melhor lugar para se empreender é onde você trabalha.

O mundo tem mais pessoas na condição de empregada e autônoma do que de empreendedora e investidora. O motivo é que 95% da humanidade prefere a segurança ao risco. A garantia do salário, dos benefícios e da estabilidade do emprego formal ou autônomo coloca a mente no módulo de capital limitado, o que faz você estudar muito e se esforçar todos os dias para melhorar o salário e manter o emprego.

No mundo, 95% das pessoas estão competindo todos os dias pela mesma situação confortável que você. Somente 5% delas se arriscam em empreender e investir. Isso não é um problema; na verdade, estou falando de uma oportunidade. Se as pessoas buscam a segurança de um ganho linear, você pode fazer parte da minoria que possui renda residual.

O mundo é exatamente assim e não vai mudar só porque eu estou mostrando o segredo das mentes poderosas. Aliás, se o mundo começasse do zero hoje e todo ser humano recebesse a mesma quantia de R$ 1 para viver, tenho certeza de que, em pouco tempo, haveria alguns milhões de miseráveis, outras dezenas de milhões vivendo na média e uma minoria seria rica.

A questão que talvez você esteja se perguntando é como mudar os resultados financeiros levando a vida que tem hoje? Evidentemente que não é simples, mas é possível. Seja você um funcionário de empresa ou um empresário, o segredo para começar a mudar os resultados continua na sua mente, pois só utilizando essa magnífica ferramenta humana é que poderá chegar ao objetivo.

Digo isso porque já falei sobre o fluxograma da prosperidade e tenho certeza de que você já entendeu que a mente poderosa precisa sonhar, agir, crer e vibrar. O sonho é o seu objetivo e a sua meta financeira; a ação é a atitude que terá para atingir o objetivo; a crença é a confiança que deve ter em você para não desistir; e a vibração é a conexão da sua mente com o coração, apoiada em uma fé inabalável que o fará chegar aonde você deseja e merece estar.

Você quer mesmo mudar a sua vida para um patamar de riqueza e prosperidade? Então comece agora transformando suas contas em recebíveis. Ainda vamos ver muitas dicas interessantes, mas quero, antes, avisar que aumentar o seu rendimento mensal nem sempre resolve os seus problemas financeiros, isso porque o segredo está na mente, e não no bolso.

Trabalhar por um salário que não supre as necessidades financeiras é uma situação que a maioria das pessoas enfrenta. Sair dessa incômoda condição requer que você tome atitudes, como já falamos. A partir de agora, vou me concentrar no poder de suas ações, pois sei que, se você agir e fizer da atitude um hábito, terá mais resultados que as outras pessoas. Está preparado? Vamos começar!

Pare de reclamar

Em primeiro lugar, pare de reclamar. Quem escolhe ficar reclamando nunca está satisfeito com o que tem e, certamente, continuará reclamando e procurando outro emprego. Reclamação é muito diferente de inquietação. Quem reclama se coloca na condição de vítima, enquanto o inquieto é aquele que se movimenta em busca de inovação e crescimento. Lembre-se da lei de equivalência que abordei anteriormente. Quem vive reclamando recebe valor equivalente. Neste caso, quanto mais a pessoa ganha, mais ela gasta e volta a reclamar.

Não se acomode

Em segundo lugar, não se acomode. Se você aceitar a condição de acomodação, da forma como vive e com o que ganha, estará fadado a uma vida miserável. Milhões de pessoas no mundo vivem trabalhando infelizes, mas acomodadas com a segurança do que têm, presas pelo medo de perder o pouco que conquistaram. São como animais sustentados mensalmente por pequenas doses de alimentos, que, neste cenário, chamamos de salário.

Aceitar algo que seja menos do que você realmente é capaz de realizar só ocorre porque você não está entregando todo o seu potencial ou porque não estão valorizando sua entrega em valor equivalente. Dê o primeiro passo na direção que melhor se ajusta ao seu perfil, mas não fique acomodado.

Planeje-se

Em terceiro lugar, faça o seu planejamento e aja. Essa é uma condição para quem busca independência financeira. Sem dúvida é o perfil mais arrojado e costuma ser praticado por aqueles que possuem coragem para se arriscar. Investidores possuem essa característica, assim como empreendedores que desenvolvem novos negócios. A geração de renda adicional é um caminho para aqueles que planejam ajustar seu perfil gradativamente sem comprometer o que já possuem.

Com o dinheiro extra bem aplicado, você pode acumular capital e iniciar a trajetória que o levará à independência financeira no futuro, fazendo o dinheiro trabalhar a seu favor. Seja qual for a tomada de decisão, analise cuidadosamente as alternativas, os riscos e a sua real possibilidade de chegar ao resultado que pretende. Depois, crie um plano de ação que defina quanto deseja acumular, em quanto tempo e que atitude vai adotar. Fundamental é colocar tudo isso em prática. Ao tomar essa iniciativa, você reduz as chances de perder motivação no meio do caminho e eleva as condições para crescer.

Liberte-se do medo

Em quarto lugar, liberte-se do medo. As crenças limitantes lhe dizem que é melhor não se arriscar, que suas chances são pequenas, que você não tem condições para fazer ou que não terá dinheiro suficiente. Essa é a principal razão pela qual muitos não alcançam a riqueza. Ao se tornar cética e com medo das oportunidades, a pessoa fica paralisada. Nos momentos de crises, os medrosos se apavoram e freiam, enquanto os ricos enriquecem. Entenda algo vital para a vida: se alguém conseguiu, você também consegue!

O medo o faz refém de uma grande armadilha chamada "corrida dos ratos", na qual a pessoa trabalha basicamente para pagar as contas. O termo "corrida dos ratos", na verdade, se refere a um exercício de redundância aplicado aos ratos de laboratório que tentam por muitas vezes escapar da gaiola em que estão presos, correndo em uma roda ou buscando um caminho em meio ao labirinto. Milhões de pessoas no mundo caem nessa armadilha, fazendo todos os dias as mesmas coisas, do mesmo jeito e esperando resultados diferentes, muitas aprisionadas na falsa segurança financeira, com medo de perder o pouco que possuem. Elas estão, na verdade, presas em suas cadeiras de plástico e, aos poucos, se tornando incapazes de construir riqueza.

Preguiça

Em quinto lugar, afaste-se da preguiça. A terceira causa de não prosperidade financeira é a preguiça, que normalmente vem disfarçada de ocupação e desculpas. É mais fácil alimentar a mente com frases de autossabotagem do tipo: "não tenho tempo para fazer", "vou deixar para fazer amanhã", "mais tarde eu vejo isso" etc. O que acontece nesses casos é o estímulo à preguiça mental. Sua mente economiza energia e o corpo não responde como deveria.

Maus hábitos

Em sexto lugar, fuja dos maus hábitos. Está sobrando muito mês para o seu salário? Isso é resultado de maus hábitos. Gastar por impulso, aceitar o primeiro preço que lhe derem, parcelar a perder de vista ou esperar sobrar alguma coisa para poupar. Esses são hábitos que muita gente possui.

Ao desenvolver hábitos dessa natureza, eles acabam se incorporando ao seu estilo de vida com o passar do tempo.

Arrogância

Em sétimo lugar, não menos importante, vigie seu comportamento para que não se torne arrogante. Adquira todo conhecimento que for possível, aprenda sempre algo novo e enriqueça seu repertório, tudo isso pode ajudá-lo a conquistar bens e ter êxito em algumas iniciativas que vão tornar você especial, mas que também podem fazê-lo arrogante a ponto de não respeitar as limitações de outras pessoas. Isso ocorre quando se negociam o ego e a ambição em vez de qualidades e oportunidades.

Tudo que você fizer na vida vai depender de alguém para dar certo. Sozinho fica muito mais difícil chegar ao topo da montanha.

Conexões

Em oitavo lugar, construa redes. Suas conexões com as pessoas certas vão acelerar seu desenvolvimento e o atingimento de suas metas mais rápido do que imagina. Mas lembre-se de que é preciso estar sempre ao lado de pessoas melhores do que você, nunca piores. Robert Kiyosaki disse: "As pessoas mais ricas do mundo constroem redes, e todas as outras procuram empregos". Conheça pessoas onde existe prosperidade e felicidade. Procure-as no lugar certo e encontrará terra fértil para crescer.

Dizer "não"

Em nono lugar, é preciso saber dizer "não". Muitas oportunidades na minha vida foram perdidas porque disse "sim" demais. O excesso de oportunidades condena a riqueza. Bom, agora você deve estar com várias interrogações na cabeça. Mas vamos lá, vou explicar. Você, assim como eu e todas as outras pessoas do mundo, nascemos com habilidades que são natas e outras que foram aprimoradas com o passar do tempo. Talvez você seja muito bom em Exatas e nem tanto em Humanas. Porém a formação escolar exigiu que você tivesse boas notas em Humanas, tanto quanto teve em Exatas.

O que existe nesse caso é um desvio do potencial de talento com o qual você nasceu e que poderia ser aprimorado na área de Exatas, obrigando-o a dedicar tempo e uma atenção muito maior onde você não se identifica. Não foi assim que ocorreu com você na sua formação? Quantas disciplinas você se viu obrigado a estudar sem ter o menor interesse por elas?

Na vida profissional e na construção de riqueza é a mesma coisa. Você consegue um emprego, por vezes na área que não gosta, com o ganho que não merece, ao lado de pessoas infelizes e numa rotina cansativa. Mas você precisa do salário e vai vivendo dessa forma dia após dia, na corrida dos ratos. Aparecem outros compromissos e você ocupa seu tempo fazendo outras coisas que não o levam a lugar algum além de onde você se encontra. Já entendemos que o tempo é o recurso mais valioso da vida.

Os ricos sabem dizer "não" para inúmeras oportunidades, declinam daquilo que não os faz realizados e felizes, dizem não para tudo que não tem conexão com o seu propósito de vida ou sua missão. Posso lhe garantir que nem tudo que reluz é ouro. Você pode avaliar da forma mais simples possível as oportunidades, respondendo a uma simples pergunta: essa oportunidade faz sentido para minha vida? Se não fizer, você já tem a resposta.

Todos esses hábitos são realmente valiosos. No entanto, como observado no livro de Vicente Falconi *O que importa é o resultado*, as coisas acontecem quando você assume a liderança e aplica três fatores determinantes:

1. obstinação por algo;
2. conexões de oportunidade;
3. competência de resolução.

Ser obstinado por algo é se entregar por completo, focado e disposto a concretizar o que busca. Nas Olimpíadas de 1984, realizada nos Estados Unidos, a corredora suíça de longa distância, Gabriela Andersen, aos 39 anos de idade, deixou seu nome na história mundial do esporte ao cruzar a linha de chegada na 39ª posição, entre 44 corredoras.

Ela apresentava um quadro grave de hiponatremia, que ocorre com a queda brutal do sódio no sangue, aliado ao calor ambiente elevado. Isso lhe provocou fortes alterações cardiovasculares, metabólicas e cerebrais, sendo mostrada ao mundo cambaleante e totalmente desconexa, em franca confusão mental, mas sem desistir do objetivo, que era cruzar a linha de chegada. Os obstinados surpreendem até os mais céticos.

As conexões de oportunidades baseiam-se na habilidade de enxergar aquilo que a maioria não vê, de estreitar relações com pessoas mais prósperas do que você e, principalmente, conectar seus sonhos à sua mente e ao coração.

Desenvolver as competências capazes de torná-lo uma pessoa resolutiva também servirá como uma catapulta para impulsionar o seu crescimento. O mercado busca ansiosamente pessoas capazes de resolver em vez de procrastinar ou criar desculpas. A boa notícia é que esse perfil de pessoa é mais valorizado, em qualquer situação que seja. Recentemente recebi um post interessante pelas redes sociais. Falava sobre ser águia ou ser pato e relatava a história de um motorista de aplicativo que se tornou referência em sua atividade.

Diferentemente dos demais, ele descobriu uma oportunidade no que fazia e passou a atender seus clientes como nenhum outro prestador desse tipo de serviço. Em seu carro, apesar de comum, ele recebia os clientes abrindo a porta como se fosse o chofer, perguntava se o cliente estava satisfeito com o ar-condicionado, se a música estava agradável, se ele desejava conversar ou preferiria o silêncio para se concentrar, oferecia água e outras coisas incluídas na corrida.

Aos poucos ele deixou de atender pelo aplicativo e passou a ter clientes cativos, cobrando mais caro pela exclusividade. O mundo tem desejado encontrar pessoas com esse tipo de entrega, que felizmente parece estar desaparecendo cada vez mais. Opa, disse desaparecendo e você deve estar confuso novamente. Tudo bem, vou esclarecer. O felizmente é porque na ausência de quem faz melhores entregas surgem as oportunidades. Entendeu?

CAPÍTULO IV
O poder das metas

" quem espera respostas do passado não enxerga as oportunidades do futuro...

Determinar metas atingíveis é o primeiro passo para agir. Metas bem definidas e factíveis alimentarão as atitudes a cada conquista e vão gerar um ciclo de prosperidade e de realização extraordinário.

A meta é a parte mensurável de um objetivo. Logo, deve representar um prazo, uma quantidade ou valor que seja possível ser medido. Por exemplo, imagine que você queira acumular dinheiro suficiente para alcançar a sua independência financeira. Esse é o seu objetivo, mas ele não está mensurável porque não define quanto você precisa acumular para ter essa independência nem em quanto tempo deseja atingir esse objetivo. Sem isso, os anos passarão e você corre o risco de nunca chegar aonde precisa.

Quero ajudá-lo a exercitar a construção da sua meta. A seguir, vamos inserir alguns dados na tabela de estudo potencial para que você consiga definir uma meta realizável de riqueza. Estaremos nos concentrando em médio prazo, mas você pode fazer para o tempo que desejar.

Quanto pretendo acumular em vinte e um meses?

Esse objetivo você deve colocar em local visível para enxergar todos os dias até que consiga atingir a meta.

Quanto preciso poupar por mês para atingir essa meta anterior?

Para chegar nesse número com exatidão, pegue a meta do item anterior e dívida por 21 para ter a cota mensal de contribuição para sua meta.

Diante disso, faça uma criteriosa análise da sua situação atual, verificando qual é o seu ganho total mensal e quais são seus gastos, mesmo que na média, se não tiver com exatidão. Faça isso em uma folha de papel ou no computador, como desejar.

Sinceramente, para chegar a sua meta, quanto você tem que ganhar a mais por mês? Se o número parece irreal, reveja a meta ou encontre oportunidades para alcançá-la. Só não desista de começar a construir prosperidade em sua vida. Quer uma dica valiosa? Imponha um senso de urgência em seus objetivos. O senso de urgência vai fazê-lo agir. Mas como fazer isso?

Muito simples: defina um prazo limite e tome a decisão. Fiz isso quando realizei o primeiro evento de condicionamento da mente, após ter trabalhado duro na construção do método para esse curso. No primeiro dia útil do ano, eu defini que faria o evento nos dias 23 e 24 de março. Lembro como se fosse hoje, fui ao hotel mais renomado da cidade, solicitei o orçamento da sala para trezentas pessoas e, no mesmo dia, fiz a reserva. Ao chegar em casa, disse para minha esposa o que tinha feito e ela me chamou de louco. De certa forma, ela estava certa, pois minha loucura foi criada pelo senso de urgência que defini para o projeto.

Eu já estava há alguns anos trabalhando nisso. Era a hora de determinar que o projeto tinha que sair do papel e ser realizado, com o sucesso que eu esperava. Iniciei uma maratona de convites, pequenas palestras para mostrar o que era o propósito do curso, convidei mais e mais pessoas e pedi para elas convidarem mais pessoas. Todos os dias fui dormir visualizando o auditório cheio.

O fato é que eu ainda não havia testado o curso e não sabia qual seria a aceitação, se as 21 horas que eu havia projetado seriam de fato ideais para realizar o método com o impacto que eu tanto imaginava. Meu projeto previa um palestrante convidado e eu queria muito alguém renomado para fazer a participação especial na primeira edição do meu tão sonhado evento, porém não tinha um nome para o qual eu pudesse ligar e falar "Ei, você gostaria de participar comigo de um sonho?".

Conversando com um grande amigo, ele me disse que tinha o contato do Geraldo Rufino e que a palestra dele era inspiradora. Meu senso de urgência me dizia para ligar, mesmo ele não tendo a menor ideia de quem eu era. De repente, pronto, liguei. "Ei, Geraldo Rufino, tudo bem? Você teria um minuto para eu lhe falar de um projeto?", disse eu sem saber qual seria a resposta. Ele me perguntou quem estava falando e eu disse: "Sou eu, Max Santana". Pelo silêncio ao telefone logo vi que ele não fazia mesmo qualquer ideia da minha existência. De repente, um sorriso e a frase: "Olá, meu amigo, tudo bem com você?".

Isso era tudo o que eu precisava. Rufino é uma pessoa diferente, seu sorriso é tão agradável e sua simpatia o faz realmente acreditar que ele conhece você há anos. Eu acreditei nisso e perguntei se podíamos tomar um café para eu explicar melhor o projeto. Prontamente, ele me respondeu:

"Claro, venha ao meu escritório". Existem pessoas no mundo que são seres realmente iluminados. Geraldo Rufino é uma dessas pessoas. Ele não só aceitou o meu convite como me incentivou com suas palavras positivas a fazer dar certo.

A primeira edição do evento recebeu 211 pessoas. Para mim, esse sempre será o maior evento do método ICON21, pois foi o primeiro de um desafio constante de superação e determinação. Muito mais que isso, na verdade ele me provou que adotar o senso de urgência faz agir na direção e no tempo necessários.

O senso de urgência pode ser aplicado em sua vida nas diversas áreas, mas no aspecto financeiro ele é determinante para lançar você na roda da prosperidade. Tome uma atitude reduzindo gastos, começando com o que tem sido supérfluo.

Se você fuma, esforce-se em parar. Um maço por dia pode representar cerca de R$ 210 por mês, ou R$ 2.520 por ano. Tem comprado roupas além do que realmente precisa? Passe a usar o que tem. Quer trocar de carro e pretende financiá-lo porque ainda não tem todo o dinheiro à vista? Continue com o carro que tem e não financie, você vai pagar quase 50% a mais do valor do carro em quatro anos e perderá cerca de 20% mais com a depreciação do veículo. Não é um bom negócio, a não ser para o banco.

Tudo o que você precisa ser é inteligente financeiramente, todo o resto é aparência. Veja bem, não estou falando sobre o que você diz ser ou o que costuma demonstrar ser, mas sobre o que você de fato será no futuro sendo o que é hoje!

A vida mostra todo o caminho aos que querem enxergar.

Pai rico, pai pobre é realmente um livro revelador, deveria ser lido por todo jovem antes de começar a vida financeira. Particularmente acredito que, se eu o tivesse lido mais jovem, teria alcançado resultados incríveis muito mais cedo na vida. Pois bem, hoje eu tenho a minha própria versão para esse título, que é *Mãe rica, mãe pobre*. Minha querida mãe foi uma pessoa que não teve acesso aos estudos, mal completou o ensino básico. Sua vida era ajudar nas plantações em um pequeno sítio em que morava com os pais, com mais doze irmãos, e bem nova se casou com meu pai. Acabou por se "formar" como dona de casa. Ela exercia tão bem essa profissão que chego a sentir saudades do tempo que tive com ela na infância.

Não erámos ricos, morávamos em um bairro de periferia na Grande São Paulo e, como a maioria das famílias brasileiras, passamos muitas dificuldades financeiras, quase a experimentar a fome em uma das tantas crises que o Brasil já viveu. Eu, muito criança, fui para as ruas vender sorvetes para ajudar em casa, e minha mãe foi trabalhar como operária em uma empresa.

O pensamento da minha Mãe Pobre era de que eu tinha que estudar e arrumar um emprego numa boa empresa, conseguir um registro na carteira de trabalho para me aposentar o mais breve possível. A Mãe Pobre por muitas vezes trazia a sobremesa do seu almoço da empresa onde trabalhava para dar aos filhos e nos dizia que deveríamos agradecer o pouco que tínhamos, pois havia outras pessoas que tinham muito menos.

A Mãe Pobre acreditava que, por não ter estudos, o melhor que conseguiria em sua vida era aquele trabalho modesto, e a vida miserável que tínhamos era natural pelas condições onde morávamos. Isso não era um problema, apenas a realidade imutável. Algumas vezes vi a Mãe Pobre chorar por medo; outras, por tristeza mesmo.

Meu pai sempre foi um grande homem, mas tinha na mente que nossa realidade era aquela e que tudo que precisava era trabalhar muito para dar o mínimo de sustento para a família, sua mente era como a da Mãe Pobre. Por anos desfrutei do que se pode chamar pobreza. Como nenhum membro da nossa família conhecia a riqueza, viver daquela forma sempre foi algo normal, mesmo com todas as dificuldades que enfrentávamos.

A minha Mãe Rica surgiu quando a Mãe Pobre perdeu a segurança do emprego. Ao ficar desempregada e ainda com a necessidade de ajudar na renda de casa, minha mãe tomou a primeira iniciativa que cria a mente da riqueza: empreendeu.

Abriu um negócio que funcionava na varanda da nossa humilde casa. Ela havia entendido rápido que, se tratasse bem os clientes, eles voltariam e indicariam para novos clientes; fórmula que deu certo e fez o pequeno negócio prosperar. A prosperidade, na verdade, só aconteceu porque a Mãe Rica sabia valorizar cada centavo que entrava na venda dos produtos, ela buscava, determinada, comprar sempre pagando o menor preço com o maior prazo de pagamento possível, girando caixa e acumulando capital para voltar e negociar cada vez melhor.

Sim, a mente da Mãe Rica entrou em ação e ignorou qualquer estatística sobre prosperidade para aqueles que detêm o estudo. Ela usou o senso de urgência e fez o que tinha que ser feito, com foco, determinação, resiliência e motivos muito fortes, que eram os filhos. A Mãe Rica havia praticado a revolta do bem e simplesmente cansou da vida que todos diziam ser compatível com a nossa realidade.

Ao tomar as rédeas do seu próprio destino, mais do que mudar o curso dos resultados, a Mãe Rica soube construir riqueza, na proporção que desejava para sua vida. Pouco tempo depois, diversificou os negócios, abrindo um estacionamento, aonde chegava todos os dias antes de o sol nascer.

Acumulou capital com as condições que tinha, soube gastar apenas o que era preciso e investir no que era oportuno e necessário. Adquiriu imóveis de oportunidade, comprou à vista o carro mais básico para trabalhar, ignorando as sugestões que ela poderia comprar algo muito melhor. A mente da Mãe Rica já havia entendido que carro era despesa, e não um investimento.

Todo fim de ano, a Mãe Rica era generosa, reunia os dois filhos e os netos num ritual de quebrar porquinhos com moedas. Uau! A capacidade que a Mãe Rica tinha de juntar dinheiro era mesmo impressionante. Cada um tinha um cofrinho que Mãe Rica juntava moedas e, durante muitos anos, era comum somarmos mais de R$ 7 mil em cada porquinho. O porquinho era um cofre pesado!

Quando a Mãe Rica entendeu que precisava ganhar mais do que gastar, que deveria barganhar para fazer as melhores compras e que era preciso investir de forma diversificada para não ficar com todos os "ovos" numa única cesta, ela fez mais riqueza. Essa habilidade gerou para ela a tão sonhada independência financeira que todos desejamos. Atualmente, a Mãe Rica não trabalha. Vive da renda dos aluguéis de imóveis, de aplicações e da aposentadoria.

A vida de fato mostra os caminhos para todos os que querem enxergar. Mais do que isso, mostra o caminho para os que decidem agir com fé inabalável.

Relações devem ser prósperas para dar certo

Ao seu lado estão as pessoas que fazem você feliz?

Uma das maiores causas de frustração do ser humano é ter de viver ao lado de pessoas que tornam a sua vida triste, que o fazem chorar ou que geram um vazio dentro da sua alma. A questão é por que continuar vivendo assim? Todos viemos ao mundo com a oportunidade de viver uma vida plena de felicidade. A mente insiste em mantê-lo onde é mais habitual e confortável, mas que nem sempre é o mais agradável.

Os casais são, em geral, a maior prova de que conviver na rotina gera uma relação difícil. Os casais merecem ser felizes e, quando não conseguem atingir esse nível de plenitude, deveriam se perguntar por que continuam juntos. Afinal, uma vida que dá lugar ao ódio e ao rancor em vez de companheirismo e amor não vale a pena ser vivida juntos, não acha?

Todo relacionamento amoroso tende a começar na espiral positiva. Quando "dá liga", como dizem os mais jovens, a coisa toda acontece. É só observar o início de toda relação. O homem convida a mulher para sair, manda flores para convencê-la a aceitar, abre a porta do carro para impressionar, paga a conta e, principalmente, presta atenção no que a mulher fala.

A mulher, por sua vez, cria toda a atmosfera da conquista, coloca a melhor roupa que tem, depois de vestir uma dezena delas, se produz toda, sorri e concorda com o homem. Se der tudo certo, ambos criaram uma vibração que favorece a paixão. Na fase do namoro, as brigas são poucas, isso porque, quando rola uma briga, cada um vai para o seu canto e só voltam a se falar quando a poeira baixa. Fica bem mais fácil pedir perdão e perdoar, não é verdade?

Na fase de noivado, tudo é sonho. A casa para morar, os móveis, a festa de casamento, o vestido de noiva para a mulher e a noite de núpcias para o homem. Enfim, nessa etapa vai rolar o casamento com certeza. Quando se casam, um novo mundo surge no relacionamento. Agora, uma divergência vira briga e cada um dorme num canto da casa com que tanto sonhavam, chegando a ficar dias sem se falar para não dar o braço a torcer.

Pedir perdão nessa fase começa a ser difícil. As dificuldades da vida agora começam a ser compartilhadas, e aquelas flores perderam o sentido, um jantar à luz de velas se tornou uma cena ridícula, convidar para jantar nem pensar, perfume para saírem juntos só se o motivo for para ir ao casamento da prima. Caracas!

Qual foi a última vez que você fez amor com o seu marido ou sua esposa? Você tem presenteado quem está ao seu lado quando sente vontade ou somente em datas em que se vê obrigado a fazer isso? Qual foi a última vez que saíram para jantar juntos, só vocês dois? E qual foi a última vez que se sentaram para falar de algo agradável, assim como faziam no começo da relação?

Óbvio que o exemplo anterior não é uma exclusividade. Os problemas de relacionamento ocorrem em qualquer situação onde exista rotina, recorrência e mais de uma pessoa. Em toda relação humana, onde existem duas cabeças pensando, vai dar confusão em algum momento, isso porque divergir é uma condição de quem pensa. Mas você pode se tornar uma pessoa muito atrativa se souber encantar quem compartilha seu dia a dia. Basta adotar alguns comportamentos de supressão para os embates conflitantes.

use a inteligência emocional para dar certo

AO INVÉS DE:		EXPERIMENTE:
BRIGAR	▶	CONVERSAR
PEDIR	▶	SERVIR
DOMINAR	▶	INSPIRAR
FALAR	▶	OUVIR
LAMENTAR	▶	RESOLVER
ODIAR	▶	PERDOAR
BLOQUEAR	▶	SORRIR
ESPERAR	▶	AGIR

Relações saudáveis geram respeito, enquanto as relações doentes fortalecem o ódio e o distanciamento. Em qual delas você prefere viver?

O amor é tão bom que traz prosperidade na vida de uma pessoa. Esse amor é quase sempre resultado de uma conexão elevada, desencadeada pela junção da mente e do coração. O caminho para estabelecer essa conexão é a visão. Ou seja, enxergar o futuro ao lado de uma pessoa. Quando se expande o amor, ocorre um contágio do bem e isso atrai energia boa.

Quando falo do amor, estou me referindo a todas as formas de amar, por exemplo: o amor ao próximo, o amor pela vida, o amor pelo que faz da vida, o amor pela família ou o amor por você mesmo. Algumas formas de amar são extraordinárias, como o amor de pai e mãe, o amor de irmãos, o amor de filhos e o amor próprio.

Gostaria de saber qual foi a última vez que você disse e ouviu a palavra "te amo"? Não importa, na verdade, quando foi. O mais importante é que você possa fazer isso agora. Ligue para quem você ama e diga "te amo" do fundo do seu coração. Se não puder ligar, mande uma mensagem ou diga pessoalmente. Faça isso! Abrace forte, encostando o seu coração com o coração de quem ama, e diga em voz alta "te amo". Esse momento é mágico. Nada se compara ao sentimento verdadeiro do amor.

Qual é a vazão do que você tem em mente?

O sucesso em quase tudo que você fizer ou começar em sua vida depende tanto do uso da inteligência emocional quanto da capacidade de dar vazão ampla à mente. Em geral, grandes oportunidades são perdidas por conta dos pensamentos pequenos. Pensar grande só funciona se as atitudes forem igualmente grandes.

A mente acumula os nossos sentimentos e todo conhecimento que chega até ela. Ao preencher seu repertório com informações úteis, como aquelas que nos dão base técnica, acadêmica, intelectual e das experiências vividas, criamos condições favoráveis para desenvolver sinapses altamente produtivas.

A questão é que todo esse conteúdo intelectual sem a devida vazão emocional não é capaz de gerar resultados. Observe alguns grandes mestres ou doutores que dedicam anos em estudos, tornam-se referência em suas áreas de atuação, mas, em geral, acabam por viver sem grandes realizações, limitados aos redutos universitários.

Eu, particularmente, conheço algumas dúzias de profissionais nessa condição, principalmente por ter convivido com eles por mais de quinze anos, lecionando no ensino superior. Obviamente não existe algo que desabone essas pessoas, pelo contrário. São grandes estudiosos e certamente escolheram essa condição. No entanto, acredito que uma mente rica no conhecimento intelectual, mas que dê pouca vazão emocional acaba por restringir todo o seu potencial e seu talento.

Quando me refiro ao emocional, quero dizer que nossa mente é como um balde com duas torneiras. Uma com pouca vazão e outra de grande vazão. Todo conteúdo e conhecimento adquirido vão parar dentro desse balde, e a pessoa deve escolher que tipo de vazão dará aos conteúdos adquiridos.

Se você agir pouco, mesmo com muito conteúdo, estará usando a torneira de pouca vazão, obtendo resultados igualmente pequenos. Já se tiver atitudes consistentes, às vezes, mesmo com pouco conteúdo, os resultados de suas ações serão surpreendentes. Adquirir conhecimento e utilizá-los com atitudes fará toda a diferença nos resultados. Isso explica por que mesmo uma pessoa com pouco ou nenhum estudo consegue riqueza, enquanto outra, com muito estudo, permanece na zona da mediocridade.

A sua mente pode ser alimentada o tempo todo, principalmente nos dias atuais. Decidir quais informações serão interessantes para o seu desenvolvimento é o que diferencia uma pessoa da outra. Existem aqueles que passam horas assistindo aos jornais sensacionalistas na televisão, alimentando suas mentes com desgraça, violência, tristeza, ódio ou medo.

Outros preferem as futilidades produzidas nas redes sociais. Em contrapartida, há quem dedique tempo em leituras técnicas ou cursos de aprimoramento profissional e pessoal. Esses conteúdos alimentam a camada intelectual da sua mente. Ao decidir agir fazendo uso da sua camada emocional, a vazão que terá será equivalente ao conteúdo armazenado. Ou seja, se você abasteceu a mente com negatividade, sua atitude emocional será negativa e, dependendo da vazão que der a ela, poderá ser destruidora.

Se alimentou a mente com violência, sua atitude emocional será violenta. Agora, se alimentou a mente com positividade, terá uma atitude emocional positiva. Da mesma forma, se você alimentou a mente com amor, terá atitude emocional compatível, variando para mais ou para menos, conforme a vazão emocional que der.

Parece lógico, mas é sabido que as sinapses envolvem todo um processo da sua história de vida e das heranças genéticas que compõem sua existência. O grande desafio é favorecer a sua balança mental para o lado da positividade, o que pode ocorrer se for capaz de alimentar a mente com informações equivalentes.

Um garoto declarou, aos treze anos de idade, no ano de 2005, que jogaria em um famoso time de futebol, citando inclusive o nome desse time. Seu desenvolvimento técnico, somado às atitudes que teve em sua carreira e um desejo inabalável, levou o menino a alcançar o sonho oito anos depois, sendo negociado por uma fortuna para jogar no Barcelona, famosa equipe da Espanha. Estou falando do atacante Neymar Jr.

O que fazer com o conhecimento adquirido e o desejo intenso? A resposta é uma só: agir!

CAPÍTULO V
Pessoas milionárias não negociam o tempo

❝ você é resultado de suas próprias escolhas...

Como já disse antes, o tempo é o único recurso realmente esgotável na nossa vida. Cada vez mais acredito na necessidade de ser seletivo com as 24 horas que recebo todos os dias para usar a meu favor. Quando entro em reuniões sem propósito, daquelas que a gente fica horas dando voltas em torno de ideias desconexas, opiniões vagas e, principalmente, que terminam sem resolutividade alguma, saio antes de terminar para resolver o que realmente é necessário. É muito comum tomarem conta da sua agenda de tal forma que a semana passa, o mês acaba e o ano vira sem que algo incrível tenha acontecido de verdade na sua vida.

Os milionários não negociam o tempo porque o tempo não tem preço de fato para eles. Mesmo aqueles que pensam estar ganhando muito bem pelo tempo que dedicam para alguém, no fundo sabem que o tempo mais valioso é o seu próprio. O tempo comprado de alguém só tem um objetivo para as mentes ricas: deixar para os outros fazerem aquilo que tomaria um tempo precioso.

Fazer algo que ama é a melhor forma de desfrutar o tempo. O dinheiro que vem daquilo pelo qual você é apaixonado se multiplica na mesma intensidade com que você vive cada minuto desse tempo. Em outras palavras, o dinheiro é consequência daquilo que você realiza com paixão. Do contrário, qualquer dinheiro será apenas para o convencer de que está perdendo tempo na sua vida.

Fazer uso do tempo com sabedoria é tão valioso que merece um capítulo só para falar dele. Viver o tempo presente é o que realmente importa. Eu sempre digo que o melhor momento da vida é o agora. Claro que viver o agora não significa fazer loucuras ou apertar o botão *#partiupirar*. Estou me referindo, obviamente, a fazer do seu presente a melhor oportunidade para desfrutar o futuro.

Tente imaginar qual o valor do tempo para alguém que não pode mais desfrutá-lo. O piloto Michael Schumacher, um dos maiores campeões da história da Fórmula 1, desde dezembro de 2013, quando sofreu uma grave lesão cerebral ao bater a cabeça contra uma pedra enquanto esquiava, vive numa cama, envolto de mistérios sobre seu estado de saúde e suas condições físicas e mentais. O fato é que o tempo para ele já não é mais como foi no auge de sua vida profissional. Acredito que atualmente cada dia de sua vida tenha outro significado, muito mais pela busca de uma recuperação do que por compensações financeiras.

Quando perdi meu pai, de forma inesperada, vítima de um assalto, passei a enxergar o valor real do tempo. Ignorar a oportunidade que o tempo nos dá acumula um passivo enorme na vida. Hoje eu me pergunto: quantas coisas deixei de fazer com meu pai enquanto tínhamos tempo para isso? Quantos gestos e sentimentos deixei para depois? Quantas vezes ignorei o pedido de uma conversa ou de um tempo juntos? Você dá valor ao tempo quando já não o tem mais. A vida passa num sopro e aquele que se esquece de viver intensamente o presente morre desconsolado no futuro por um passado que não volta mais.

Pessoas milionárias não negociam tempo, elas controlam o tempo. No fundo, eles sabem que a dor do arrependimento é pior que a dor dos sacrifícios.

Controlar o tempo requer três comportamentos essenciais:

1. disciplina;
2. foco;
3. organização.

Uma pessoa disciplinada tem controle do seu dia, seja por meio de agenda ou de prioridades. A grande maioria das pessoas sabe o horário que precisará acordar para trabalhar e o horário que sairá do trabalho, mas ela não administra bem o que fará com o tempo que possui para torná-lo produtivo e prazeroso ao longo do dia.

A disciplina inclui certo regramento do momento em que você deve dormir e acordar. Uma análise pessoal minha com algumas pessoas ricas me mostrou um comportamento muito comum entre eles, que é acordar bem cedo, alguns até mesmo antes de o sol raiar. Nesse caso, vale a máxima "quem quer beber água limpa acorda mais cedo e vai mais longe no rio".

Ser disciplinado significa, para as mentes milionárias, saber dizer "não" para tudo aquilo que representa desperdício de tempo. Aquelas reuniões que duram mais do que uma hora, em geral, tornam-se improdutivas. Aquelas pessoas que roubam seu tempo com reclamações ou conversas sem fundamento o tornam improdutivo. Mas o que significa de fato ser improdutivo? Pelo dicionário é aquele que não produz, que não dá resultado, que não rende ou que é frustrado. Para as mentes milionárias, improdutivo é o tempo que não foi bem utilizado.

O segundo comportamento para controle do tempo é o foco. Aquele que não tem foco aceita as distrações, muda constantemente as opiniões e tende a ser indeciso. Ser focado consiste em convergir esforços e atenção para um ponto central. Ou seja, quando sua atenção está voltada para muitas coisas ao mesmo tempo, existe um grande risco de não se conseguir êxito.

O tempo é um só e não há meios para que ele dure mais. É por isso que pessoas sem foco passam uma vida sem alcançar resultados, enquanto aquelas que são focadas atingem seus objetivos com mais rapidez. O foco é desenvolvido por todos aqueles que acreditam com fé inabalável na possibilidade de realização de algo extraordinário em suas vidas.

Um empresário com foco em seu negócio prospera três vezes mais do que os outros. Um atleta focado tem um rendimento superior aos concorrentes. Um político com foco vence uma eleição. Um profissional focado se destaca entre os demais. Já deve estar claro para você o quanto é importante gerir o tempo com a mente de um milionário. Então, comece a ser uma pessoa disciplinada e focada no uso de cada minuto que recebe de crédito em sua vida.

O terceiro comportamento é a organização, que acredito ser a base para o desenvolvimento humano. Digo isso porque, mesmo sendo disciplinado e focado, se não houver organização, as armadilhas do tempo lhe farão fraquejar, sobretudo pelo tempo perdido com a acomodação e a preguiça.

Quando controla o tempo, você passa a ser dono do seu destino, criando as condições necessárias para tornar produtivas todas as atividades que realiza. Isso se aplica não somente a sua vida profissional, mas também aos momentos de lazer, com amigos ou com a família. Estar determinado a viver um tempo de qualidade é o mais importante. Por isso, organizar a sua vida muda a sua vida.

Dê uma boa olhada em seu guarda-roupa hoje. Qual é a condição em que as roupas se encontram dentro dele? Observe sua mesa de trabalho e me diga se o ambiente está organizado adequadamente, sem pilhas de papel ou fios embaralhados pelo chão. Confira a sua agenda, seja impressa ou digital, e tente enxergar seus compromissos e atividades organizados. Faça uma verificação do seu controle financeiro e me responda se tem um fluxo de caixa controlado. No seu último compromisso, você chegou atrasado, no horário ou com antecedência?

A verdade é que nossa vida se perde naquilo que não somos capazes de organizar. Experimente criar o hábito de organizar as pequenas coisas da sua vida, podendo ser um ambiente de sua casa, uma agenda de compromissos da semana, uma gaveta do armário da cozinha, um compromisso de horário ou algo a que não tem dado a devida atenção no seu dia a dia. Você vai se surpreender com as mudanças que causará na sua mente, adotando o princípio da organização das coisas.

Ao organizar algo, você estará dizendo para sua mente não se acomodar e, o mais importante, vai provocar sinapses muito positivas associadas ao poder de controlar o seu tempo.

Acredite que vai dar certo!

O maior medo das pessoas é fracassar em algo. Quando comecei a trabalhar, ainda garoto, eu rezava para não me passarem tarefas que ainda não sabia fazer, pois temia não as realizar da forma como esperavam. Tive de enfrentar isso durante o início da minha trajetória profissional, até entender que cada desafio era, na verdade, uma oportunidade que me era dada.

Meu primeiro emprego foi como office boy e, naquela época, chegávamos por volta de oito horas da manhã no trabalho e ficávamos todos numa sala aguardando a liberação dos malotes para sairmos para a rua. Erámos seis jovens, entre doze e dezesseis anos; eu era o mais novo entre eles. Todos os dias, era comum ficarmos cerca de duas horas aguardando a liberação dos malotes. Durante esse período de espera, adivinha o que fazíamos? Nada! Isso mesmo, nosso passatempo era contar piadas, falar da vida dos outros e comentar os jogos de futebol da semana.

Um dia, porém, fui chamado na sala do meu supervisor e lá ele disse algo que foi decisivo para mudar o rumo da minha vida profissional: "Menino, você acabou de entrar na empresa e quero lhe dar um conselho, que você fará uso dele apenas se desejar; do contrário, apenas ignore. Olhe bem, quando você não tiver o que fazer enquanto espera os malotes, busque ajudar alguém em outro departamento".

Naquele momento, não fui capaz de responder algo para ele, apenas balancei minha cabeça em sinal de concordância. Saí da sala dele e fui para a sala onde estavam os outros office boys. Ao entrar, comentei com eles que o supervisor havia me chamado a atenção sobre o comportamento que tinha enquanto esperava os malotes. Os outros meninos prontamente me incentivaram a ignorar o assunto, sentar e "matar o tempo" até que nos liberassem. Mas algo extraordinário passou pela minha cabeça naquele momento.

Lembrei-me da frase do meu pai quando dizia que eu deveria estar sempre aprendendo coisas novas e estar sempre ao lado de pessoas iguais ou melhores do que eu, jamais piores. Uau! Eu me dei conta de que os funcionários dos outros departamentos ganhavam mais, tinham posições de destaque e conquistavam coisas que nenhum daqueles garotos que estavam na sala comigo sequer sonhavam alcançar.

Então, tomei a decisão de chegar mais cedo que todos no trabalho, ir de setor em setor até conseguir ajudar na tarefa de alguém. Não demorou muito e fui aprendendo novas funções, o que me levou à primeira promoção profissional na vida. Fui promovido de office boy para auxiliar de escrita fiscal. Você não imagina a minha felicidade em ter conquistado uma mesa e um telefone.

Aquele momento foi mágico na minha vida. Ali, comecei a entender o poder de acreditar e agir como forma de transformar as possibilidades e mudar os resultados. Usei o princípio básico que meu pai me ensinou durante toda a minha vida, aprendendo sempre e ficando ao lado das pessoas melhores do que eu. Tenho certeza de que meu pai ficaria orgulhoso se pudesse ver aonde cheguei com esse ensinamento que, talvez, ele nem imaginava ter sido tão importante.

Nenhuma conquista acontece se você não for capaz de acreditar. Como já disse nos capítulos anteriores, existem pessoas que, quando dizem que você não é capaz, tiram o seu poder da crença. Mas também existem pessoas que fortalecem esse poder; não somente quando lhe dizem que você é capaz, mas também quando lhe mostram o caminho para dar certo. Aproxime-se dessas fontes de inspiração. Ou melhor, se agarre nelas para não deixar que nada e nem ninguém defina o tamanho do seu poder de realizar.

Lembre-se de que as pessoas mais importantes do mundo, aquelas que fizeram ou fazem história, só se tornaram importantes porque foram capazes de quebrar as barreiras limitantes que as cercavam. Elas possuem um antídoto muito poderoso contra o impossível, que se chama "fé inabalável". Use-o também a seu favor.

Fiz deste livro uma missão de vida, com o propósito de transformar a vida daqueles que forem capazes de ler todo o conteúdo que trouxe em cada página. Não faço ideia de quantas pessoas terão acesso a este conteúdo, muito menos quantas farão uso do que transmito. Mas as madrugadas investidas aqui terão valido a pena se eu conseguir ter contribuído para melhorar a vida de uma só pessoa. Eu espero, do fundo do meu coração, que essa pessoa tenha sido você. E se foi, seja qual for o seu sonho, acredite, porque vai dar certo!

grupo novo século

Compartilhando propósitos e conectando pessoas
Visite nosso site e fique por dentro dos nossos lançamentos:
www.novoseculo.com.br

figurati

Edição: Agosto 2020
Tiragem: 2.000
Fonte: ArcherPro
Impressão: Gráfica Grass

gruponovoseculo.com.br